# 丰德园

张昱　著

文匯出版社

张志岐作《丰德园山水图》（水彩，2023 年 2 月）

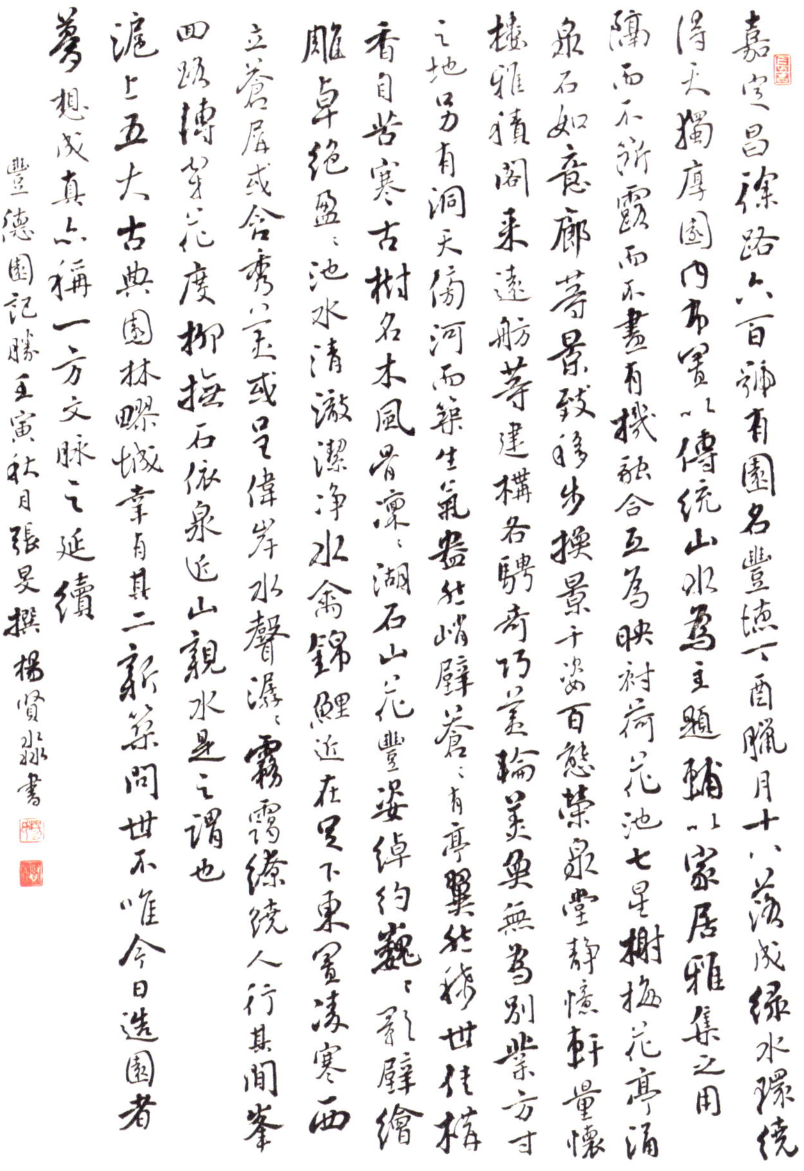

嘉定昌徐路六百弄有園名豐德丁酉臘月十八落成綠水環繞
得天獨厚園內布置以傳統山水為主題輔以家居雅集之用
隔而不斷露而不盡有機融合互為映襯荷花池七星榭梅花亭涌
泉石如意廊等景致移步換景千姿百態榮泉堂靜懷軒暢懷
樓雅積閣來遠舫等建構各騁奇巧美輪美奐無為別業方寸
之地另有洞天傍河而築生氣盎然峭壁蒼蒼有亭翼然稀世佳構
香自苦寒古樹名木風骨凜凜湖石山花豐姿綽約巍巍影壁繪
雕卓絕盈盈池水清澈潔淨水禽錦鯉近在咫尺東置凌寒西
立蒼屏或含秀玉或呈偉岸水聲潺潺霧靄繚繞人行其間峯
回路轉穿花度柳撫石依泉近山親水是之謂也
滬上五大古典園林疁城竟有其二新築問世不唯今日造園者
夢想成真亦稱一方文脈之延續

豐德園記勝 壬寅秋月張旻撰 楊賢淼書

图 1-5 丰德园记胜（张旻撰、杨贤淼书）

图 1-1　昌徐路 600 号柳湖雅集（局部，施向群摄）

图 1-2　丰德园鸟瞰

图 1-3　丰德园鸟瞰（局部，施向群摄）

图 1-4　2018 年 2 月 3 日上午，丰德园揭牌前一刻

## 下 篇　丰德园视点



后记

## 序一

## / 封德华

在丰德园落成四年后，张旻写出了他的新书《丰德园》，他将大著首页留给我为序，令我感觉特别的隆重和美好，心里也确有颇多感慨要表达。

丰德园所在昌徐路 600 号这一地块，在嘉弘公司 2002 年租用之前，原是农用地和一个废弃物堆场，而今天我们看到的这片区域，早已旧貌换新颜，它已处于嘉宝片林和嘉定北部生态绿廊中，已然形成的四面环水、草木丰美的绿岛环境，对于造园来说，更是得天独厚。面对今天的巨变，当我在感念这份天时地利的福分和缘分的同时，内心更多想到的是在我们对这一地块进行改造利用的二十年间，给予过我们实实在在关怀和支持的有关方面和相关人士，包括为此付出智慧和心血的嘉弘同仁。

众所周知，上海现存有五大古典园林：豫园、秋霞圃、古猗园、醉白池、曲水园，它们中有两座位于嘉定，因此嘉定素称有丰厚的园林文化。除了秋霞圃和古猗园，嘉定有年头的名园还有一些，如汇龙潭、檀园、黄家花园等。过去的园林大都为个人所营造，常被称为“私家园林”，由于历史的原因，近百年来这样的造园方式渐成过去式。作为丰德园的建造者，我心知肚明，小园能够出现在今天，绝非我个人有多大能耐，根本原因是我们幸逢盛世。我们这一代对于上世纪七十年代末开启的改革开放感触尤深，我本人正是受到了改革开放激发的市场活力和社会创造力的感染和激励，于 1997 年底辞职下海，成立了嘉弘公司。创业的成功，为日后造园打下了物质基础。

过去讲“盛世造园”，是社会繁荣安定、物阜民丰的标志。丰德园奠基于 2013 年，竣工于 2018 年，从一个侧面印证了这一规律。

我个人曾在上世纪七十年代末至八十年代初，两次进入大学学习，先是南京河海大学，后是上海铁道学院，所学专业都和建筑有关，这段难得、难忘的深造经历也在日后给了我造园的“胆气”。

再往前可溯源至童年时代。我是嘉定南翔人，生于 1959 年，我出生后不久，父亲即担任了位于南翔的古猗园餐厅经理，直至退休，因此我的人生从一开始就和古镇、古园结下不解之缘，身边无处不在的传统文化氛围浸润着懵懂童年。今天回头看，童年生活对我的人生的影响长远而深刻，即使在我被称为“企业家”、被赞誉“事业有成”时，我仍然怀揣着一个与童年有关的梦想，心里总还想着要做一些不寻常的有意义的事，要成为一个自己心目中更具价值的人。

后来在我决定造园时，我则又感悟到，今天自己面对的其实已不只是一个童年梦、一种个人爱好，期盼中的“梦想成真”，已包含更多更深对传统文化的认知和认同，在感情上更有一种向以古猗园等为代表的家乡园林文化的景仰。

另一方面，自己是学建筑的，更能了解江南古典园林是一种极为独特的建筑形式，它复杂精巧的砖木结构，如诗如画的空间布置，崇尚自然山水的审美内涵，实用和美观的灵性结合，使它成为中国古典建筑中代表传统优秀文化的瑰宝，它也被誉为“世界建筑史上一朵奇葩”。

因此在整个造园过程中，我一直心怀敬畏，一丝不苟。造园的过程，也是我个人不断学习和提升自我的过程。

同时我也非常慎重地对待今天造园必然面对的继承与创新、功能定位等问题。今天人们看到的丰德园不再是传统园林那样主要供一个大家庭、大家族生活居住的“私家园林”，它的定位是一个向社会适度开放，包含游园、餐饮、会务等内容的苏式园林，它还可以作为体验传统婚庆文化的理想场所。

在材料和工艺上，由于有了现代物流和技术，丰德园在恪守江南古典园林形制内涵的前提下，也有一些突破。比如我们整体使用了非洲红木，提升了木结构质量和美观度。在有些建筑上我们使用了铸铜瓦顶，如梅花亭，在明末造园家计成所著《园冶》一书里，有“只可盖草”的说法，我们则给它安置了一个瓦楞铜顶。

我们也充分利用现代“理水”技术，使园内池水常年保持洁净状态和理想水位，完美体现江南园林“近山亲水”理念。

从我决定造园起，我已将它看作是一种融合多种技艺和艺术的创作，而不只是一项工程。好比艺术家在作品上署名时的心情，作为造园者，面对逐渐成形的小园，我也希望能够心无遗憾。这份不安，源自内心的期许，我希望小园能配得上家乡园林家族中一个新成员的身份，希望她能成为一件真正的艺术作品，为大众接受，为时代添彩，为历史留痕。

我非常享受创造的过程。为此我更乐于接受挑战，造园没有采用当今通常的项目承包方式，而是回归于古代那种园主与匠人对接的模式。在造园的日日月月，我也经常像画家不断涂改创作中的画作，像作家反复修订自己的文字，面对园内每一处细节，每一空间的布置，一棵树的位置、一块湖石的摆放，等等，我也常会反复斟酌、推敲，在现场作各种尝试，直到赏心悦目为止。园内一草一木、一砖一瓦，在我眼里都是独特的，我认得它们，内心也特别能感受到它们给予我的温馨安详的氛围。

丰德园的问世凝聚了许多人的心血。对近十年来和我一起实现造园梦的各方人士，我内心充满感激之情。

感谢嘉弘实业团队——嘉弘建设、沁苑绿化、丰德园文化传媒等，正是有了你们的通力合作，造园工作得到了强有力的基础保障，丰德园的一草一木、一砖一瓦，也记得你们的身影和辛勤付出。

感谢园林设计师钱骏，是他最早将我心里的园林蓝图诉诸图纸。

感谢王准博士和绿化专家萧镇衍，七星榭和竹林石径的布置来自王博士的专业设想，而四面厅（荣泉堂）月台边的经典景观“池畔雪柳”，则源于萧君的一个建议。

感谢姚伟，他对文化艺术的热忱时常感染我，渊博的学识和独到的见识给到我诸多启发，一些有价值的建议和推荐也令我获益匪浅。

感谢郭文、顾建刚，今天的丰德园也已一一记下他们的创意和贡献。郭文后来还担任了丰德园的姐妹园林松茗园的设计师。

感谢朱奇、姚飞，正如张旻在书中所述，人生有两种缘分，一种是一见钟情式，一种是蓦然回首式，我和他俩的缘分即属于后一种：相识很早，多年为友，但没想到“缘在日后”——如果没有和他们两人的早早相遇，造园之缘难有今天这般完满。

说到造园之缘，我特别要感谢过汉泉。过工既是江南古建筑资深专家，又是一位和蔼可亲的长者，在他身上还特别可贵地体现出一种中国传统、源远流长的工匠精神。为了帮助造园，过工以七旬之身，离开苏州的家，担任造园项目总监，在工地上一待数年。他带领的木工班，在他言传身教影响下，有极强的凝聚力、精益求精的工作态度和创造热情。从某种意义上说，丰德园也是过工的一件作品。

同时也要感谢马方胜和他的工匠团队，在造园的数年时间里，他们兢兢业业、孜孜以求，保证了工程质量和工艺水准。他们中不乏身怀绝技者，又勤于学习，勇于挑战技术难度，创造经典。张旻在《丰德园营造面面观》中设有专章“匠人名录”，为匠人们在这件园林新作上署上他们的姓名。他们当之无愧……

《丰德园营造面面观》是张旻这本新著的核心内容，从知道他动笔到六万字初稿完成，只过去一个月时间，当我对他的写作效率表示惊讶时，张旻向我解释，其实他写得并不快，因为他为写这篇文章准备工作进行了三年。丰德园竣工于 2018 年 2 月 3 日，张旻正是在那一年来到丰德园，并于次年应我邀请担任嘉弘实业文化顾问。在这几年里，张旻不仅卓有成效地主持了公司和丰德园的文化建设工作，而且笔耕不辍，撰写了多篇与园林古镇文化相关的文章，在解放日报、文汇报、新民晚报、嘉定报等及其相关公众号上刊登，其中还包括一篇发表于专业期刊《中国建筑文化遗产》（28 期）上的专论《今人造园的尝试——丰德园概览》，在此基础上完成了《丰德园营造面面观》，并由这些文章构成了眼前这本专业性与文学性兼备的新著《丰德园》。

张旻向以小说家著称，而来到丰德园后，出于对江南古典园林文化的喜爱和对今人造园的赞赏与支持，他很快将自己的关注点和写作重心调整到新领域，用他自己的话说，他开始有意识尝试使自己由古典园林文化的爱好者成为这一领域的学习者与研究者，并乐在其中。在这本新著里，不仅可以看到他驾轻就熟从文化与技术等多个侧面对丰德园进行“面面观”的介绍和论述，并且从中可以感受到他近几年在这一领域的学习与研究的心得还滋生出一种非常个人化的感悟，即他发现自己很容易在丰德园这个视点上产生一种奇妙的回望：它可能会变成对家乡故园的新认知。这是张旻这本新著显著的个人特色，同时也是作为作者的他和读者之间会有的共鸣点。在张旻之前发表的《秋霞圃》一文结尾处，对特定的古今关系他曾作过如此描述：“在秋霞圃、汇龙潭、古猗园等本地古典园林和丰德园之间，某种时空转换的感觉显得尤为奇妙：既有由古入今的现世感，也会有昨日再现的梦幻感。”

张旻的儿子张肖阳也是在那一年来到丰德园，出任新成立的丰德园文化传媒总经理。张肖阳毕业于英国皇家艺术学院动画系两年制硕士专业，回国后入职上海美术电影制片厂，后为主营动画的“凡事网络”总经理兼导演。他的动画作品曾入选萨格勒布国际动画电影节，他也是嘉定卡通版石童子的原创者。嘉定报对他回国后的创业作过报道，搜狐视频也做过他的专题节目。在和张肖阳有了工作接触后，我很赏识他的审美品位和艺术创意，他的加盟，给公司和丰德园文化建设带来了新气象、新理念。

张旻在《面面观》第二章“园为媒”和后记《还有几句话》里，对丰德园中目前已有呈现和展示的各项可贵的艺术原创作了生动细致的描述和说明，如“清风雅韵”门前的巨幅砖雕影壁，如奇石、诗文、书法合璧的《涌泉石诗并序》，更不必说各处建筑景观中题额拟联的精妙。在此我也谨向孙敏、鞠鸽腾、张波、陶继明、顾建清、汪乐天、王威尔、陈兆熊、陈兆勋、徐征伟、张志岐、杨祖柏、杨贤淼、龚皆兵、钱月龙、陆雨葭等嘉定贤达才俊以及帮助支持丰德园文化建设的各路方家刘洪彪、鲍贤伦、周志高、王冰石、张大昕、李亮之、钱欣明、乔红根等一并致以崇高敬意和由衷感谢。对近年仙逝的顾振乐先生、陈佩秋先生，我内心常怀深切的缅怀之情。

是为序。

2022 年 12 月于丰德园

## 序二

**/ 陶继明**

依稀记得约十年前，时任嘉定区文广局局长的燕小明先生邀我去见识一个刚启动建设的私家园林，确切地说，当时那里只能算是一个工地。那天认识了封德华先生。造园肇始，封德华带我们边走边讲，一一诉说未来。他蓝图在胸，意气风发，对前景充满了自信，给我留下了深刻的印象，加之他为人谦和坦诚，重感情，我们一见如故，引为知交。

封德华是南翔人，父亲封荣泉先生长期在古猗园工作，他从小在这所美丽的古典园林中长大，耳濡目染，逐渐有了很深的园林情结，甚至慢慢产生了要建一所属于自己的园林的梦想。

转眼这些年过去了，封德华心中的蓝图终于化为现实。荷花池、七星榭、凌寒峰、梅花亭、月近亭、苍屏岩、涌泉石、如意廊桥、一寸亭、聆泉亭、丹枫亭、悠然亭、荣泉堂、静忆轩、量怀楼、雅积阁、悦近斋、来远舫、如归楼、桃李厅、得慧厅、无为居等三十余处建筑景观，陆续落成。丰德园雄立于疁城之北，十亩有余，四面环河；水木清华，修竹成林；古树参天，奇石化幻；花卉娇媚，香飘四季；白鹭黑鹅，锦鳞羊驼。各式建筑，一应俱全，远眺近视，各自成景。近年来，丰德园的名声越来越响亮，说闻名遐迩也不为过。

丰德园告竣后，因封德华的热情邀请，我曾多次拜访丰德园，游遍了园内的山山水水。细察丰德园的一草一木，静观丰德园的亭台楼榭，觉得丰德园不仅善于吸纳苏州园林的元素，更有其独创的个性。用材讲究而风格朴素，设计精美而不失田园气息，不张扬，不显露，让美深潜于内涵之中。

纵观园林，其能得以闻名传世者，不外乎人文。

园以人传。一所园林若无文人雅士造访过往，便是土豪独乐的宅第。丰德园内谈笑有硕学，往来多时彦，堪称是理想的文人雅集之所，骚客泼墨之处。顾振乐、陈佩秋、鲍贤伦、周志高、刘洪彪、王冰石、孙敏、张波、杨祖柏、杨贤淼、张大昕、龚皆兵、陈兆勋、顾建清、汪乐天、李亮之、钱欣明、张志岐，以及张旻父子等诸位学养精深的文人墨客，在丰德园各处建筑景点，留下了意蕴深厚、隽永唯美的匾额、楹联、诗文、画作，以及宏伟瑰丽的艺术照壁，这些作品对园林起到了画龙点睛的作用。更有文化名流慕名而来，“指点山水”，在丰德园留下了踪迹。此情此景令人遥想到清代康熙时期的园艺名著《花镜》自序中作者的描述：“同人雅集，满园香沁诗脾；餐秀衔杯，随托足供聊咏，乃清秋佳境也。”

更可贵的是，丰德园重视地方文献的收藏，将雅积阁辟为藏书楼，已收集为数不少的有关书籍，并将继续搜集嘉定古今地方文献，相信未来必定会形成洋洋大观，成为该园一处令人关注的亮点。

园以文传。自古至今，嘉定园林众多，先人也留下了不少记述园林的文章。传至今日有贯云石的《浦氏园记》、王彝的《清旷轩记》、归有光的《畏垒亭记》、王世贞的《归有园记》、沈元禄的《古猗园记》、赵俞的《绀寒亭记》、钱大昕的《兰陔小筑记》、侯旭的《盆山阁记》、毛岳生的《胡氏园记》等。而园林的专著，则仅有民国耆老周承忠先生的《秋霞小志》一部。直至二十世纪八十年代后，才有了《秋霞圃志》《古猗园志》等书，但数量依然稀少，令人憾然。

至于有关本邑园林设计家的记载，更是寥若晨星，翻遍史书，仅见朱三松、夏华甫二人，且亦语焉不详，留下了无尽的缺憾。

张旻先生是我的文友，以写小说见长。丰德园落成次年，他担任了丰德园所属嘉弘实业的文化顾问，开始研究园林文化，积经年之功，数易其稿，反复推敲，用情至深，写成了《丰德园》一书。这是一本丰德园的纪实文学，更是一部丰德园的志书。值得一提的是此书突破了传统园林著述不为造园工匠列传的藩篱，与时俱进，专设“匠人名录”一章，将数十名能工巧匠一一介绍，还附录了苏州香山帮名匠、丰德园建筑工程项目总监过汉泉的《丰德园建筑说明》一文，弥补了前人的缺憾。同时，书中还专设“丰德园视点”部分，收入了张旻近年所写的本地古典园林文字及有关篇什，延伸拓展了相关的内容，扩大了读者的视野。全书文笔流畅，内容丰赡，图文并茂，首尾圆合。要深度了解丰德园，一书足矣。

小时候看黑白故事片《秋翁遇仙记》，那美丽的花神是善良正义的化身，让我如痴如狂，爱花之心，油然而生。后来读蒲松龄的《葛巾》《香玉》《黄英》等小说，蒲留仙笔下的牡丹仙子、山茶仙女、菊花仙姑等，她们美得令人心醉，身上洋溢着人性的光华，乐于助人，感情专注，反复读之，欲罢不能。再后来，读周瘦鹃的《花前琐记》，更是爱不释手，百读不厌，成为超级“周粉”。而汤显祖《牡丹亭》中，那一段“良辰美景奈何天，赏心乐事谁家院？朝飞暮卷，云霞翠轩;雨丝风片,烟波画船。锦屏人忒看的这韶光贱”,直击人心,不禁让我心驰神往,顿生无穷遐想。曹雪芹《红楼梦》中的大观园更是常入我的梦境,令我情不自禁地置身其中,也引发了我对园林文学及园林艺术刻骨铭心的偏爱。

园林是美丽的,它是社会祥和、经济繁荣、文化昌明的产物;园林又是脆弱的,任何政治动荡、战火洗劫、财力匮乏,都可以顷刻间使园林易主,甚或灰飞烟灭。考历代嘉定园林,很少有三代不易主的。今日造园者封德华自然深谙这个道理,他旷达地说:古代造园大都是私家行为,而最终留给社会的是宝贵的文化财富。目前丰德园已适度向社会开放。在这个意义上,祈望国运昌盛,丰德园代代相传。

是为序。

2023 年元月于练水东滨菖蒲书屋

上篇

# 丰德园营造面面观

嘉定昌徐路六百号,有园名丰德,丁酉腊月十八落成。绿水环绕,得天独厚。园内布置以传统山水为主题,辅以家居雅集之用。隔而不断,露而不尽,有机融合,互为映衬。荷花池、七星榭、梅花亭、涌泉石、如意廊等景致,移步换形,千姿百态;荣泉堂、静忆轩、量怀楼、雅积阁、来远舫等建构,各骋奇巧,美轮美奂;无为别业,方寸之地,另有洞天,傍河而筑,生气盎然。峭壁苍苍,有亭翼然,稀世佳构,香自苦寒。古树名木,风骨凛凛;湖石山花,丰姿绰约;巍巍影壁,绘雕卓绝;盈盈池水,清澈洁净;水禽锦鲤,近在足下。东置凌寒,西立苍屏,或含秀美,或呈伟岸,水声潺潺,雾霭缭绕。人行其间,峰回路转,穿花度柳,抚石依泉。近山亲水,是之谓也。

沪上五大古典园林,疁城幸有其二。新筑问世,不唯今日造园者梦想成真,亦称一方文脉之延续。

丰德园记胜/张旻 壬寅秋月

第一章

# 缘起 / 缘分

## 1. 情系童年

造园者封德华的园林情结缘起童年。他生于1959年，嘉定南翔人。小时候他的家毗邻始建于明嘉靖年间的古猗园。其父封荣泉（国家级非遗项目南翔小笼馒头制作技艺第五代传承人）六十年代初开始在古猗园工作，担任古猗园餐厅经理三十多年。封德华在古猗园氛围中长大，从小便和古镇古园结下不解之缘。中学毕业后封德华进入嘉定水利局工作，后两次上大学，学的是建筑。他最早尝试将自己对于园林的念想搬到现实中是在1998年后。那时他已辞去公职，创立了嘉弘建设工程发展有限公司，在中共十五大提出“公有制为主体、多种所有制经济共同发展，是我国社会主义初级阶段的一项基本经济制度”后，勇于做“第一个吃螃蟹的人”。在老城区东门外练祁河畔，嘉弘有了自己的办公园区后，封德华不仅在园区内广植花木，美化环境，而且辟出一整块地，叠石理水。公司名称，也以传统书法石刻形式，呈现于公司门侧。封德华内心，已然在以此令自己赏心悦目的形式，向儿时耳濡目染的中国传统文化致敬。

## 2. 天时地利人和

丰德园奠基于2013年12月3日，准备、筹建工作则至少早于这个日子十年。封德华后来发现，造园筹备工作难的还不是一些特殊园林材料的寻觅收集，如奇花异草、名木怪石、古旧建筑石材（那些年封德华有意识收集的老石材就有石桥、石柱础、界沿石、抱鼓石、地坪石、侧塘石等），真正难得的是某种人力不逮而又容易失之交臂的因素。封德华后来说，这就是缘分，是天时地利人和。

昌徐路600号，这一地块对造园来说，占尽天时地利，需要的人和，也不期而至。

丰德园在奠基开工后，有过较长一段时间的尝试摸索，工程上多有反复。这个时期好比处在岔路口。

这时封德华身边出现了三个人，他们的出现都似偶然，其中的缘分，很可能错过，但他遇上了。

### 过汉泉

苏州人，1945年生人，江南古建筑技艺代表性传承人，全国技术能手，江苏省首届突出贡献高级技师。曾有人说，过工长相斯文内秀，乍一看更像是一位乡村教师。他参与过常州、苏州等地的文笔塔、拙政园、寒山寺、虎丘山等古建筑的修复，参与过上海豫园明清一条街仿古建筑工程，还曾把中国古建筑艺术传播到美国、加拿大、日本等国，开启了将中国古典园林“出口”的先例。出版过《古建筑木工》《江南古建筑木作工艺》《古建筑装折》等专著。

当有人把过汉泉介绍给封德华时，封德华已为造园之事，接触过几家工程承包商，他发现自己内心其实抵触这种时下通行的项目承包模式，根本原因在于，造园不只是一项工作和任务，他更愿意参与这一把梦想化为现实的创造过程，享受其中，而不是急于求成看到结果。为此他其实更需要一位特殊人才的辅助。过汉泉的出现，为造园提供了令人放心的专业技术支撑，使适合封德华心愿的“以我为主”的营造模式产生了活力。封德华聘请过汉泉担任造园项目总监，他们采用旧时“点工”“上门工”的方式，不赶任务，精益求精。两人的关系，始终彬彬有礼。封德华内心更像是把过工敬如自家长辈。

过汉泉在工地上一待四年半，直至竣工。

当年的木匠至今还记得过工到工地的第一天，派给他们的任务是做一个两层斗拱，作为对他们的考试。在后来的相处中，工匠们很快感受到过工的和蔼可亲、长者风度，他在对质量要求近乎苛刻的同时，是毫无保留地把自己掌握的技艺传授给他们。参加造园的木匠基本来自安徽，过工也善于听取他们的意见和建议，对徽派传统木工技艺中的长处抱着虚心学习的态度，并有用到造园中。比如连接固定梁柱的木销，苏作木工习用“直销”，徽派木工多用“弯销”（又称“涨销”），有使梁柱相扣更为紧密的效果，过工采用了这种方法。

封德华学的是建筑，他造过房子，但没造过园子。几年后出现在眼前美轮美奂的丰德园，虽然还留有些许遗憾，但和封德华最初的期望值相比，无疑足够完美——眼前的遗憾可谓反映了对完美的认识的提高。从某种意义上说，正是封德华和过汉泉之间这份可遇不可求的“同船渡”，彼此智慧的叠加、心血的交融、能量的互补，创造出了属于他们人生的至境。

过汉泉来到造园工地时已年届七旬。他后来曾说，自己一生参与过不少著名的古建筑的修复工作和仿古建筑的建设，得到了业界的肯定，获得过很高的荣誉，本以为此生无憾，可以颐养天年了。但自己从没有独立主持过一座苏式园林的建筑工作，这正是他欣然接受邀请并在新工作中竭尽全力的原因。他又说，封德华是一位不多见的老板，有情怀，有见识，敬传统，重文化，在工作中给了他充分的信任和支持。那四年半，过汉泉不仅毫不保留自己一生所学，而且带领他的团队勇攀高峰，挑战极限。

今天，人们进入园中，目光很容易首先被一些建筑的屋顶样式所吸引，尤其是四面厅（荣泉堂），那高扬的飞檐翘角，外挑深远、庞大又不显沉重的屋檐，令人眼花缭乱的层层斗拱，难以想象它们是如何制作出来的，这真可谓是中国传统建筑的神奇、深奥之处。

园内一件极限之作，反而并不显眼，它就是位于凌寒峰上的梅花亭，它的构造法式仅可见诸明代造园奇书《园冶》中一张平面图和寥寥数语说明。在这座梅花亭上，过汉泉和他的团队花了八个月时间，最后成功、完美地呈现了《园冶》中的描述。

即使是园内建筑中相对简单的“美人靠”（又称“吴王靠”），每一处的木结构纹样都不重复。园内每一处的木作花窗、地罩、挂落，房屋、回廊等顶棚的椽子样式，也都各不相同。过汉泉用心之极致，是要将自己平生有幸见识到、接触到的江南古建筑中种种技法和样式，尽善尽美展示于丰德园。丰德园建筑中所使用的榫卯构件，样式之繁多也远远超出了实际需要。这不是一般意义上的复古建筑，是在一个更高层次上向传统文化艺术的致敬。

2019 年 10 月，第二届长三角古典园林文化论坛圆桌对话会议在上海古猗园召开，竣工不久的丰德园此时已引起业内关注，会议主办方邀请封德华参加会议并作了主题发言。会议期间，与会的专家学者还莅临丰德园，进行了参观指导。一座新造园子，成为高层次的一届长三角古典园林文化论坛的主要话题之一，可见它已在对古典园林文化精髓的传承上，体现出引人瞩目的价值。那次会议后，拙文《今人造园的尝试——丰德园概览》，配图二十多幅，刊发于专业期刊、天津大学出版社出版的《中国建筑文化遗产》28 期。

## 朱奇

嘉弘园里原有一棵老雪柳（俗称五谷树），之前在市政建设工程的动迁中，从别处迁移至此。雪柳是一种颇为神奇的植物：夏季盛开的小白花聚成圆锥花序布满枝头，犹如覆雪；秋季叶丛中黄褐色的果实挂满枝头，形状各异，酷似五谷。“相传郑和下西洋从海外带回许多珍奇植物，在南京静海寺中广为种植，形成‘散花成雨、植树干云’的壮观景象，李时珍也曾慕名专程前来考察，其中就有雪柳。”雪柳在嘉定本地少见，尤其像上述这棵年届八旬的老雪柳。它自移居嘉弘园，又“形单影只”存续了许多年。

丰德园工程开工后，老雪柳也被列入了迁移方案。当它被安置于卧牛桥西侧、无为居崖壁对角、荷花池畔的花径转角位置时，最初考虑的应该是它的树形。这棵雪柳是双树干，根部相连，一株弯曲伸向河面，另一株树干上缠绕着一根拳头粗的老藤。小桥流水，枯藤老树，这应该是最容易想到的经典描述。除此之外，现场情景也还很容易令人产生另一种联想：老雪柳紧挨着四面厅（荣泉堂）月台，它或可代替梨树，象征“梨园”。却不曾想，待到周边景物一一呈现，丰德园落成后，仿佛蓦然回首，老雪柳似乎也已令人刮目相看：此时才能体会到关于雪柳记载中所称“植于池畔崖边，颇具雅趣神韵”。

曾多次听封德华讲老雪柳的故事，蓦然感悟到，人生中既有“一见钟情”的缘分，也幸有“蓦然回首”的相遇，何其幸运，何等奇妙。

这是一个比方，说的还是人。

一次，封德华遇到了一位久违的常熟老朋友，彼此寒暄中封德华说起造园事，称眼下的难题是，还没有找到合适的木材。古代造园受物流条件限制，一般都是就地取材，丰德园也已试用过本地常用的木材，如松木，总觉得不理想。松木的缺点是疖疤多，对大气温度反应快，容易胀大、变形。在这种情况下，丰德园最先动工的东部建筑，部分已无奈使用了仿木水泥梁。

那位朋友听了封德华的苦恼，立刻说，这好办，我给你介绍一种木材，包你满意。这样，他就给封德华介绍了非洲红木。当时非洲红木主要用于家具制作，其木质木纹和东南亚红木高度相似，由它制作的家具一度还被当作传统红木家具进入市场。封德华的疑问是，非洲红木适合用于造园吗？他的朋友肯定地回答，完全没有问题，常熟那边已经有人用这种木材造了一座亭子。封德华当即决定请朋友带他去常熟参观那座亭子。从常熟回来，他主意已定，立刻着手采购了第一批非洲红木，中文名分别为非洲红花梨和非洲柚木。待过汉泉和他的团队反复试用、充分掌握其性能后，非洲红木就被创造性地全面用于丰德园建筑。封德华为此还买来了一架大车床。

事实证明这是一个正确而及时的决定。采用硬木类的红木造园，是一次有益的尝试，为古人所不可为。红木在中国家具文化上有特殊的蕴含和表现，除了材质优良，其丰富多变的木纹也格外吸引人，不只是美观，还被贴上了各种别具含意的文化标签，如龙纹、凤纹、蟠纹、螭纹、兽面纹、雷纹、蝉纹等。在人们心目中，红木历来有着沉甸甸的特殊的分量。

用非洲红木造园，丰德园的实例也证明非常适合，是不二的选择。这种木材稳定性好，不易变形。由于它材质细腻，掌握其性能的木匠师傅可以将它加工成各种形状。丰德园里所有房屋、回廊顶棚的椽子，无论有怎样讲究的弧度和所需要的长度，都尽可能以整木加工，不仅提升了美观度，实现了制作理念，也大大增强了椽子本身的支撑力。用红木制作的“美人靠”、花窗、地罩、挂落、楣子、斗拱、藻井等，堪称一件件令人赏心悦目的艺术品。即使是本色的大梁圆柱、光面门扇，其丰富的纹理、深厚的质感也常令人望而驻足，观之抚之。

何曾想，封德华和那位朋友一次“蓦然回首”般的意外相遇，竟成就了一座中国园子和非洲红木之间“一见钟情”般的天作之合。

朱奇，1964 年生于常熟。当过兵，作过画。1989 年起先后创办苏州园林红木厂、常熟园林红木厂。江苏省美术家协会会员。

## 姚飞

封德华和姚飞相识也有些年头。在上海滩餐饮业界，姚飞是有头有面的人物，1993 年他在黄河路上创办了苔圣园酒家，酒店的宣传语是："苔圣园黄浦店，紧邻人民广场、南京路步行街、上海博物馆、上海市政府。"那些年姚飞的餐饮业做得风生水起。事业有成后姚飞在嘉定江桥注册了一家文化公司，由他亲力亲为建造的公司大院名为"纯园",低调而奢华。在一栋外表乏善可陈的四层楼里，所用材料都不马虎，家具中随处可见紫檀、黄花梨、老红木、金丝楠、黄杨等名贵木材。楼里还收藏有诸多古董玉石。同为创业者、民企老板，又是同代人，封德华和姚飞有共同话语。两人之间每次碰面，有事无事，都会比较正式，迎送有仪。

这里要说的是在落成后的丰德园里，有一尊引人瞩目的大型景观石，立于来远舫、桃李厅、如归楼、如意廊桥等三面合围的水波纹铺地庭院中。这尊景观石直径三尺，高二丈有余，瘦皱漏透，形如泉涌，喷薄而上，落户丰德园后得名涌泉石。基座侧面的花岗岩上镌刻着由嘉定文化名宿陈兆勋撰、嘉定书法家协会主席张波书写的《涌泉石诗并序》：

丰德园有奇石焉，径三尺而高二丈有奇。瘦皱竿峙，漏透殊姿。若泉之涌喷，浡潏而冲霄。噫！神物其来，伟乎高哉。明时吉兆，信瑞也哉。方其匿迹荒岭，埋草蒙苔，兕觗鸮止，洪虐雷灾。亿万斯年而被文明化育。有姚君者，磊落人也，慕主人德仪而不恤巨万致名物有归。是亦两君宅心淳厚、至仁高义之所系也。仰止矣，硕石灵泉！不以古今变质，不以凉暑易操。亦足以导养正性、澄莹心神者也。乃吟哦而有句，漫拟尧叟之击壤云尔：

此地晴岚升瑞气，涌泉挎直向空擎。

高标争似凝成石，静处犹闻溅玉声。

序中描绘了这尊巨石之奇:“瘦皱耸峙，漏透殊姿。若泉之涌喷，渟滀而冲霄。”

想象了它所经历的磨砺:“方其匿迹荒岭，埋草蒙苔，兕觗鸮止，洪虐雷灾。亿万斯年而被文明化育。”

披露了它的来历：“有姚君者，磊落人也，慕主人德仪而不恤巨万致名物有归。是亦两君宅心淳厚、至仁高义之所系也。”

姚君者，即姚飞也。

“慕主人德仪而不恤巨万致名物有归”，典雅的文学措辞中，“名物有归”，恰如其分：“有归”，适得其所，幸逢其时。

若虽有“神物其来，伟乎高哉”，来非当时，望之兴叹，如之奈何！

如前所述，姚飞是位商人，在上海滩开饭店，也做红木家具和古玩生意。其经手的名物大器不计其数，许多物件过手即忘。唯赠送朋友的，在他心里其实倒是并不论价值高低、物品大小、关系亲疏，一样都会记得——不如说，姚君记得的是人。

第二章

# 园为媒

上述姚君所赠景观石，落户丰德园后始得名“涌泉石”，并始料不及身旁出现了一位嘉定老人，为其撰《涌泉石诗并序》，因又引来张波及石刻艺人等参与，终至奇石诗文合璧，相得益彰。而当丰德园整体落成后，偌大景致，若干亭榭，犹若“兰花馥馥吐幽香”，更是首先在疁城本地产生不凡效应，闻香识物，成就更多奇缘佳话。

我本人最初参与丰德园工作是在2018年。2019年，年届耳顺，受封德华之邀，忝列顾问之职。

我和丰德园结缘，与年龄上的巧合，似乎也是冥冥之中的安排。

和封德华早年经历有相似之处，我的学生时代也曾和嘉定另一座古典名园秋霞圃有过深度交集:我的母校嘉定城区一中当年就“假座”秋霞圃原址，校区包含原龚氏园、沈氏园、金氏园和城隍庙。从十二岁至十六岁，我在那儿度过四年中学生涯。虽然当年我并不认得秋霞圃，但校园里的奇特之处，如假山枯池等，在我心里一直印象很深。丰德园的出现，勾起了我对近半个世纪前校园里那些奇景幻影的记忆，这样一种“相遇”，真可谓可遇不可求。

五十岁前后，我连续写了四本书，三本是虚构作品，包括长篇小说《桃花园》(《收获》2004)、《谁在西亭说了算》(《收获》2008)、《忧郁城》(《作家》2017),唯有一本《中国父子》(《作家》2011)为非虚构。后者是我迄今所写唯一一本非虚构作品,我印象很深的是,那一次的写作尝试不仅格外顺利,而且甚至已令我对“非虚构”感到情有独钟。

我后来意识到,虚构和非虚构的方式,在我身上的区别在于关注点和接触方式不同,以及由此带来表达的不同。

在虚构作品中,我化身为“作者”,体裁的要求决定应更多依赖于想象,独具只眼,表现笔下“应有的”不寻常和深刻性。

在非虚构作品中,则作者为“我”,对事物的认知很容易出现不同的方式,更为直接、直观的感官功能被充分开启和运用,身边事物受到不同寻常的关注,更多被看到、听到和触摸到。

在我迄今的写作中,人物故事中的“物质层面”开始表现出完整、独立、耐人寻味的意蕴,即是在较晚时候出现的事。

好比年轻时我们反而更爱思索玄奥的“哲学问题”:“我是谁?”“从何处来?”“去何方?”却往往忽略了当下“在哪里”的问题。这个身边问题总是在稍晚的人生状态中才会受到青睐。

古时候,许多名士园林其实多半也总是出现于人生的这一阶段和状态中。它们在建筑和文化艺术上的种种极致而独具个性的讲究,从某种意义上说正是日积月累夯实了“在哪里”的命题。

民谚中有“上有天堂,下有苏杭”的经典说法。苏州园林和杭州山水也早已在古代诗文中被推崇为这一意义上的人间至境。不论你“是谁”“从何处来”“去何方”,都维系着“在哪里”。江南园林则将我们居住的“所在”作为一种“有意味的形式”,营造为富含多种审美元素、如诗如画、近山亲水、令人赏心悦目的建筑奇观。

在文化心理上的这种认同感，使我也由衷赞赏封德华在造园中体现的古法匠心。在园子后续我们通常称之为“文化建设”的工作中，封德华同样没有采用“外包”做法。在封德华内心，他更愿意把丰德园看作是对以古猗园、秋霞圃等为代表的家乡园林文化的传承，为此丰德园应该遵循自身的成长规律，在她身上应该更多体现出与传承并行不悖的原创自觉和基于本土立场的文化自信。这本是“传承”的题中应有之义。

丰德园有阁名“雅积”，常有人问，为什么不称“雅集”，后者不是更常用、更容易被理解吗？其实这是两个音相近义不同的词。“雅积”出自“雅积大伪，俗存厚德”，在这一语境里，雅和伪等同，俗与德并称，意指“雅”也有真伪之分，而“俗”事不恶，多多益善，功德存焉。字面上此处“雅积”或可通“雅集”，却内含反讽之意。这里体现的正是我们在丰德园的后续建设工作中的某种“营造”理念。

雅积阁的室内空间，在按设计功能使用外，我们也有意将它布置为一个收集展示嘉定地方文史资料图书的场所。

其实我们的一些相对于时尚流俗而言颇具自主创新意识的工作方法，恰恰古已有之。如为人熟知的“大观园”。据《红楼梦》第十七回所记，大观园工程告竣后，一个和暖之日，贾政带领几位清客游园，命宝玉随行。此番游园主题是要为大观园各处景致、亭榭等题额拟联，方法和原则是“大家看了公拟，各举其长，优则存之，劣则删之”。贾政心里则是有意试才宝玉。结果宝玉初展新翅，大放光彩。后来黛玉等姐妹也应命参与其中，交了作业。在后面第七十六回“凸碧堂品笛感凄清，凹晶馆联诗悲寂寞”里，一个中秋之夜，贾母率一众晚辈在园中山上的敞厅赏月，其间史湘云林黛玉两姐妹悄悄溜至山下潭边作诗联句。要不是林黛玉此时即景生情说出来，史湘云毫不知晓自己一向非常赏识的“山之高处”的“凸碧”堂名、“山之低洼近水处”的“凹晶”馆名，皆为黛玉所拟。这正是大观园的风格。在大观园的盛名中，却几无“名”的因素，倒是园内优秀的对联诗句流传到“墙外”，宝玉及一众姐妹因此闻名——他们自己还不知道哪。

大观园这种方式，剔除其中某些不合时宜的因素，是值得后人效法的，在今天尤有样板价值。古人有云，“编新不如述旧，刻古终胜雕今”，其含义耐人寻味。

曾以秋霞圃屏山堂为办公室担任启良学校校长的嘉定名士浦泳（1909—1985）晚年写过一文，《秋霞圃的变迁和琐忆》（原载《嘉定文史资料》第一辑），末段如是：“秋霞圃是嘉定的名园，所有匾额在 1920 年修建时和修建前，无一不是嘉定人所书的。这也反映了嘉定昌盛之文风和名园的特色，希望能得以保持。”

丰德园本身也需要有更契合自身内容的创作，那样的内容恐怕早在造园者酝酿造园时就已存在，在设计蓝图里已埋下种子，在建筑物渐次显山露水中如影随形，若隐若现。

我们确定的第一处建筑物名称是“荣泉堂”。这是一个重要而内涵丰富的堂名。然后是（仿佛自然生成）“静忆轩”“无为居”“得慧厅”“桃李厅”“雅积阁”“如意廊桥”“量怀楼”“来远舫”“悦近斋”“如归楼”等，它们互有关联，各具蕴含。我们也由此悟得了山名：“凌寒峰”“苍屏岩”等，以及亭名：“梅花亭”“月近亭”“丹枫亭”“聆泉亭”“领春亭”“悠然亭”“一寸亭”等。

园为媒，我们身边逐渐形成了一个志趣相合的“群”，其中有地方文史学家，有教授、诗人、作家，有书法家、美术家等，亦有留学归来的年轻创业者。

拙文前章所述《涌泉石诗并序》，丰德园里最早呈现的一件多种艺术形式合璧的作品，成就于作者与奇石的一次偶遇。此作并于2021年“图文并茂”刊登于《中国建筑文化遗产》28期。作者陈兆勋，土生土长嘉定人，生于藏书之家，幼承家学，尤工诗赋。

除陈兆勋外，邑人顾建清、汪乐天等亦擅长对联律诗。

如顾建清撰丰德园七星榭联：“花树湖山静养适情雅趣，廊檐日月空涵韬略玄机。”

联中嵌入两本中国象棋古谱名：《适情雅趣》《韬略玄机》，合题应景，不露痕迹，意境美好。

又如其所撰梅花亭联：“日消雪色江湖暖，风带梅香天地清。”

登高俯仰，天空晴朗，江湖回春，色香、气氛、景物，浑然天成，体感、视觉、心境，融会贯通。

汪乐天作《丰德园景八题》等，绘景抒情，情景相生：

荣泉晖光（荣泉堂）

华厅常抱四时风，在在空明更得中。

且喜椿堂花馥馥，清晖长驻乐年丰。

如意月朗（如意廊）

人间喜得小盘桓，蕉覆凉生可倚栏。

坐到潮平明月落，长廊如意隔花看。

悦近清音（悦近斋）

小园雅筑涤尘氛，鸟不知名声可闻。

细路盘桓终不倦，此间禅趣得三分。

涌泉连云（涌泉石）

一峰秀出似涌泉，排荡虚空上接天。

循迹青藤攀跻处，信知鸟道有勾连。

来远归泊（来远舫）

忽讶临流泊巨艘，眼中仿佛起风涛。

他年或与海鸥并，信宿潮头待月高。

晏海晴波（月近亭）

一亭飘渺海当中，水气摇动四方风。

高柳垂阴成镜影，波心叠就夕阳红。

冷香泄玉（梅花亭）

路转峰回见小亭，近闻流水响泠泠。

主人识得梅花意，巧构天成向月庭。

月台望梅（凌寒峰）

远峰透出暗香来，信是孤山月下栽。

星露茫茫天际落，一枝闲着开未开？

春亭沦茗（领春亭）

小帘半卷隔红尘，难得清闲自在身。

人向时空归处落，我来独领一壶春。

丰德园建筑工程告竣后，展望新园未来远景，封德华常说：“养园不比造园容易，文化建设没有竣工日。”

时至今日，在这条探索长路上，我们有缘与之结伴同行或得到过帮助的各方贤达才俊有：

顾振乐：嘉定人，上海文史研究馆馆员，西泠印社社员，出版有《顾振乐书画集》《顾振乐画集》等。104 岁时在家属陪同下兴味盎然游丰德园。之前已为丰德园书写“得慧厅”“明月入怀”等匾额。2021 年 7 月 4 日去世，享年 106 岁。（匾额内容创意张肖阳）

陶继明：嘉定人，地方文史专家，嘉定博物馆副研究馆员。出版《疁城漫笔》《练水集》《疁城春秋：嘉定史话》等文史散文随笔集；

校注《嘉定李流芳全集》（与王光乾合作，上海古籍出版社 2013 年）；点校《黄淳耀全集》（全二册，上海古籍出版社 2022 年）。

陈兆勋：嘉定人，地方文史专家，好传统文化，尤长于诗词歌赋。曾师从任政、浦泳，“面聆謦欬，受益终生”。为丰德园撰《涌泉石诗并序》。

顾建清：嘉定人，区档案局副局长。自称：“幼受曾、祖、父辈影响，萌生兴趣于嘉定方言、谚语、俗语、山歌、故事、戏曲诸类。”“长而……尤热心故土文化，搜罗乡邦掌故，蒐集邑贤艺文。”编辑出版《嘉定竹枝词》等。

汪乐天：嘉定人，《新民晚报·睦邻嘉园》特约编辑。人如其名，天生一颗文艺心。简单、纯粹，嗜书如命，与世无争。自幼习字，长于格律诗。

徐征伟：嘉定人，嘉定区博物馆学术研究部主任，副研究馆员，《疁城文博》主编。嘉定文史资料收集、整理与研究者，资深嘉定历史影像研究者。

张志岐：嘉定人，嘉定区文化馆辅导部主任，副研究馆员，上海市美术家协会会员。《丰德园山水图》作者。

李亮之：上海人，曾为上海安亭师范学校美术教师，后为江南大学设计学院教授、博士生导师，上海金融学院人文艺术系主任等。出版专著《世界工业设计史潮》《色彩设计》《水灵彩动——水彩画技艺论》等。中国美术家协会会员。创作丰德园砖雕影壁系列图稿《丰德园览胜》，入选第十一届上海美术大展。2021 年 10 月，他将自己画于上世纪八十年代上半叶在安师工作期间的两幅以“安师通往外界的石桥”为主题的水彩画，捐赠给嘉定档案馆。

钱欣明：上海人，曾为上海安亭师范学校美术教师，后为上海人民美术出版社编审。丰德园砖雕影壁策划人之一。在李亮之创作《丰德园览胜》遇到困难时，他提出在平面上完美表现建筑和山水景观的建议：平视建筑，俯视山水。

孙敏：嘉定人，中国书法家协会会员、上海市书法家协会常务理事、嘉定区书法家协会名誉主席，集美大学、上海海事大学客座教授。出版《隶书艺术》《书法基础》《风流书家》等专著二十余部，《怎样写毛笔字》累计发行近 10 万册，《品味书法》手稿入藏上海图书馆中国文化名人手稿馆。曾获上海市首届谢稚柳书法艺术奖、第二届中国书法兰亭奖理论奖。当选《书法》杂志 2006 年“中国书法十大年度人物”。2011 年波兰总统科莫罗夫斯基为其颁发“波兰共和国骑士十字勋章”。丰德园门匾“清风雅韵”、楹联“宇内烟霞凭日出，江南图画向天开”、雅积阁书匾“腹有诗书气自华”等为其书写。（楹联作者顾建清）

张波：嘉定人，中国书法家协会会员，上海市书法家协会理事，嘉定区书法家协会主席。丰德园四面厅匾额“荣泉堂”、楹联“影壁红尘透风入花厅分水陆，环湖韶月浮景飞瑶榭照春秋”，以及《涌泉石诗并序》、“悠然亭”匾额等为其书写。《丰德园》封面题字者。（“悠然亭”“荣泉堂”创意张旻，楹联作者汪乐天）

张大昕：徐州人，2009年起常住嘉定。中国书法家协会会员，曾任徐州市书法家协会副主席、秘书长。一级美术师。获文化部第四届艺术展“群星奖”、全国第二届电视书法大赛银奖等。丰德园来远舫、月近亭等匾额为其书写，撰并书月近亭楹联“曲径九思风驻足，流光三戒月回眸”。（匾额创意张旻、张肖阳）

杨祖柏：籍贯四川，上海当兵，嘉定工作。西泠印社社员，中国书法家协会会员，上海市第五届“德艺双馨”文艺工作者，“海上小刀会”成员，嘉定区书法家协会副主席。曾获第十届全国刻字艺术作品展“全国奖”，西泠印社首届中国印大展“精品提名奖”，西泠印社西湖风国际篆刻主题大展“一等奖”等。出版篆刻书法作品集《中国篆刻百家·杨祖柏》《诗心印迹·西泠名家杨祖柏》等。丰德园雅积阁匾额为其书写。（匾额创意张旻）

杨贤淼：籍贯浙江温州，2001年起在嘉定生活、工作。中国书法家协会会员，上海市书法家协会理事，上海市青年书法家协会副主席，嘉定区书法家协会副主席。曾获“上海市十大青年书法家”称号。书法作品获全国第十届书法篆刻作品展优秀作品奖。丰德园量怀楼书匾“量涵千章，怀容四海”及楹联“海纳百川有容乃大，壁立千仞无欲则刚”、七星榭楹联“花树湖山静养适情雅趣，廊檐日月空涵韬略玄机”、《丰德园记胜》（张旻撰）等为其书写。（楼名、匾额创意张肖阳，七星榭楹联作者顾建清）

龚皆兵：嘉定人，中国书法家协会会员，嘉定区书法家协会理事，“全国书法教育名师”称号获得者。丰德园梅花亭匾额及楹联“日消雪色江湖暖，风带梅香天地清”等为其书写。（楹联作者顾建清）

钱月龙：嘉定人，上海市书法家协会会员，嘉定区书法家协会副主席兼秘书长。丰德园“姐妹园”松茗园内领春亭匾额及楹联“驻足对幽窗客来当酒梅花月，放怀临活水吾欲尝茶谷雨春”等为其书写。（亭名创意汪乐天，楹联作者顾建清）

陆雨葭：1992 年生于嘉定，上海师范大学美术学院毕业，上海市书法家协会会员。丰德园桃李厅匾额“夭桃秾李”、丹枫亭匾额及诗句“门前红叶地，不扫待知音”为其书写。（设计创意张旻）

张肖阳：1989 年生于嘉定，英国皇家艺术学院动画系两年制硕士毕业。回国后短暂工作于上海美术电影制片厂。后担任主营动画制作的上海凡事网络技术有限公司总经理兼导演。2018 年起为上海丰德园文化传媒有限公司总经理，全程参与丰德园文化建设工作。

丰德园门匾为上海籍书法家、浙江省书法家协会主席鲍贤伦书写。

静忆轩匾额为陈佩秋书写。（轩名创意封德华）

丰德园悦近斋匾额“悦近”、无为居书匾“适情雅趣”，为原江苏省书法家协会副主席、徐州师范大学教授王冰石书写。（斋名创意张肖阳，书匾内容创意顾建清）

“一寸亭”匾额为中国书法家协会副主席刘洪彪书写。

原上海市书法家协会主席、《中国书法》主编周志高为丰德园题额“松风竹韵”。

醉菊博物馆馆长鞠鸽腾向丰德园赠送由鞠国栋撰、顾振乐书写的对联“常有琴书乐，何来崇辱惊”。（鞠国栋生前曾任嘉定南翔市市长，中华诗词学会发起人之一）

丰德园各处悬挂呈现的木制对联牌匾以及款彩漆艺，由江苏省非物质文化遗产苏州漆器制作技艺代表性传承人、高级工艺美术师林怡领衔的苏州葆怡堂文化艺术传播工作室制作（创作）。

这不是一份完整的名单。

丰德园的出现，在勾起我对四十多年前的中学校园梦幻般的记忆中，也令我在另一层面上看到了过往人生和经历中的更多景象。在自己之前许多虚构作品中被虚化、淡化的背景、环境，那个八百年来客观存在又必然反映在主观描述中的城，我似乎也蓦然在个人经验里“客观地”瞥见了它。在过去一年多里，我持续不断地进行不同以往的写作尝试，包括一次次出门寻旧访故。我眼前也出现了一些意想之外，甚至仿佛从没存在过的东西——我指的是那些显眼的、应该不会被视而不见的存在。每次寻访，看到越多，仿佛离“现实”越远。凝眸、触摸、倾听、回味。回望的目光越拉越长。笔下有了秋霞圃、汇龙潭、古猗园、州桥、一条街、六一新村、老城区等。在《画之媒》里，以画为媒，丰德园的砖雕影壁将她与时空上相隔遥远的安师勾连结缘,“记忆”扑面而来。从中还衍生出从安师的“弗拉基米尔之路”走出来的美术教师和嘉定档案馆之间的一段佳话。

画之媒，也是园之媒。

图 2-1　2019 年 3 月 30 日顾振乐到访丰德园，时年 104 岁，门屏上为其所书匾额

图 2-2　鞠鸽腾赠丰德园由鞠国栋撰、顾振乐书的对联

图 2-3　鲍贤伦书丰德园匾额

图 2-4　孙敏书丰德园内门匾额楹联

图 2-6　刘洪彪书一寸亭匾额

图 2-7　王冰石书悦近匾额

图 2-5　陈佩秋书静忆轩匾额

图 2-8　涌泉石

图 2-11　杨贤淼书“量涵千章，怀容四海”

图 2-9　涌泉石诗并序，陈兆勋撰、张波书

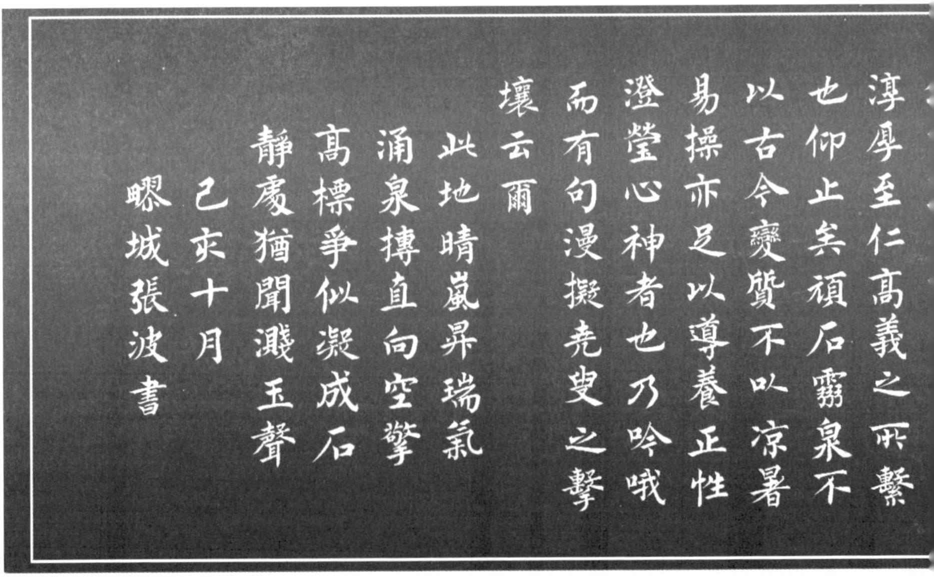

淳學至仁高義之所繫
也仰止矣頑石霧泉不
以古今變質不以涼暑
易操亦足以導養正性
澄瑩心神者也乃吟哦
而有句漫擬堯叟之擊
壤云爾
此地晴嵐昇瑞氣
涌泉摶直向空擎
高標爭似凝成石
靜處猶聞濺玉聲
己亥十月
暻城張波書

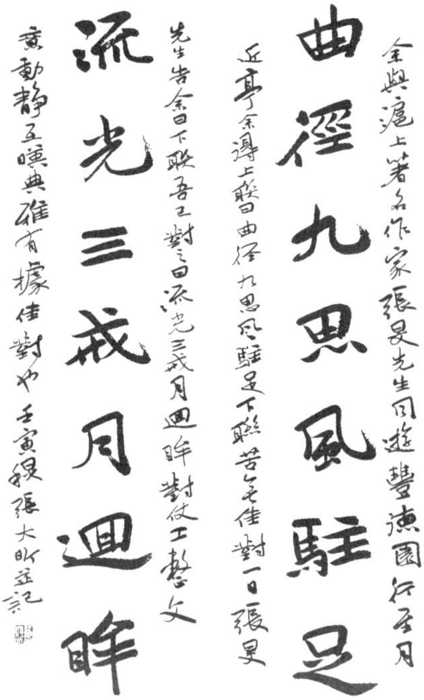

曲徑九思風駐足

流光三戒月迴眸

图 2-10 张大昕书月近亭楹联

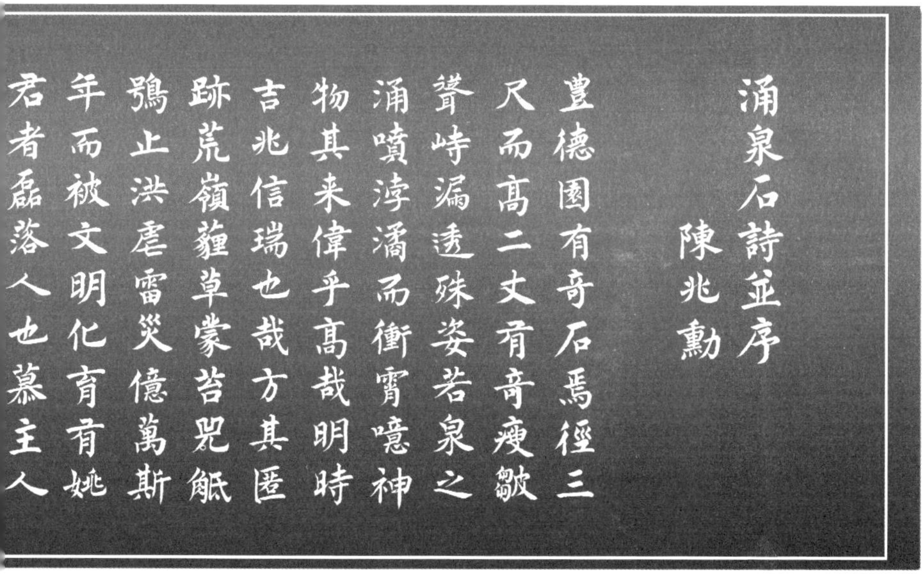

涌泉石詩並序

陳兆勳

豐德園有奇石焉徑三尺而高二丈育奇瘦皺聳峙漏透殊姿若泉之涌噴渟滀而衝霄噫神物其来偉乎高哉明時吉兆信瑞也哉方其匿跡荒嶺蘿草蒙苔兕觝鴞止洪雹雷災億萬斯年而被文明化育育姚君者磊落人也慕主人

图 2-14　钱月龙书领春亭匾额

图 2-12　杨祖柏书雅积阁匾额

日消雪色江湖暖
風帶梅香天地清
壬寅桂月 龔皆兵書

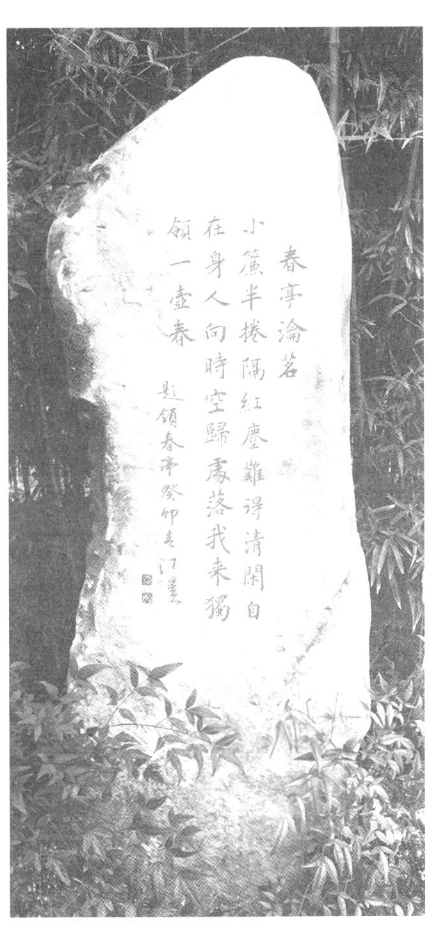


图 2-13　梅花亭楹联，顾建清撰、龚皆兵书

图 2-17　汪乐天撰并书《春亭沦茗》

图 2-15 孙敏以“风雅”书赠作者

图 2-16 陆雨葭书桃李厅匾额

第三章

# 叠山

在中国古代园林营造史中，早在西汉时已有叠石造山法。园林中的山，慢慢被叫作“假山”。传统叠山法的丰富含义，包含在这个称谓里。“假山”的第一个含义，即它是对自然的模仿，又不是单纯的模仿，其中融入了造园者“寄情山水”的念想、对奇石的喜好等，叠山法因此有了对自然的提炼和浓缩。进一层的含义是，叠石造山在自身的发展中，也日益受到文学艺术的影响，尤其是绘画的影响，其创作个性增强了，形式丰富多变，画面感强，堪称立体的山水画。

传统叠山法中还有一种“一池三山”模式，暗喻传说中东海三座生长有“不死之草”的仙山，蓬莱、方丈、瀛洲。这种园林布局最早出现于帝王宫苑，后来民间园林也有模仿，如杭州西湖等。明清时期，朝廷禁止民间这种僭越逾制行为，也有大臣因此获罪。如今文明社会早就没有对建筑等级的限制，新建公园、园林中常会采用上述模式，凿池布岛（山），比较多的是象征性布一岛，如嘉定新城远香湖，既有点与神话传说对应的神秘，又给人赏心悦目之感。

丰德园四面环水，本身就具有岛的特征，地理环境得天独厚。在其园内布局上，对“一池三山”模式的运用则从实际情况出发，更突出符号性。荷花池中央偏西位置设有一亭，月近亭，两岸曲桥相连。池的东、西、北三岸布有“三山”：东岸无为居崖壁式假山，北岸太湖石凌寒峰，西岸黄蜡石苍屏岩。

在方法运用上，凌寒峰叠造在传统法式“叠、竖、垫、拼、挑、压、钩、挂、撑”等基础上，结合了现代技术。凌寒峰为三山主峰，峰顶的梅花亭居园中制高点。山下有洞，洞中有厅，面积较大，若按古法叠造，既难觅合适的洞顶石材，其安全性更堪虞。

现代技术和方法解决了这些问题。工匠们在做好地基后，先搭建了一个尺寸合适的临时钢架，拼排好山洞四围立石，再用机械吊臂将选好的湖石按叠石法铺设在钢架上。然后在这层湖石上面铸造一座钢筋骨架，它由四根隐藏在山石间的柱子平衡固定，每一块湖石，都由数根连接骨架的钢筋勾吊住。最后再往湖石拼接缝隙灌注水泥砂浆。待这座被安装了钢筋骨架的山石结构完成后，工匠们再将最初固定洞顶山石的临时钢架拆除。

这一方法的好处是显著的。首先它给了山洞一个较为宽敞的空间，改善了幽闭环境容易给人的压抑感，令游人有心情驻足体验山洞之趣。其次是洞顶山石呈现嶙峋自然的形状，几乎看不出人为痕迹。还有很重要的是，在这样的基础结构上，山峰造型可以选用较小而模样好的湖石，灵活组合，创造出个性和艺术性兼备的至美形象。最后一点，稳固的山石基础，令峰上一亭翼然无虞。

凌寒峰的主峰位置稍偏向东，西侧缓坡空间布置有石桥、涧、崖、瀑布、梅等作衬托，构图充满诗情画意。站在对岸荣泉堂月台上眺望它，你会发现，凌寒峰的远近高低，与荷花池的面积、水平面的位置等十分相宜。而登上梅花亭看这边，建筑的形态和意味同样有完美丰富的呈现。无论是何季节，梅花亭上那副楹联“日消雪色江湖暖，风带梅香天地清”，都会令你觉得气象不凡，值得玩味。

荷花池东岸的无为居崖壁，依墙构筑，在视觉上，三面临园的书房蹲踞崖顶。石壁内筑有一间“暗室”，从里面院子里则可以看到标注“暗室”所在的砖雕匾额“三西”。

西岸的苍屏岩所用黄蜡石来自广东，古法叠造，上有瀑布，下有岩洞。苍屏岩处于量怀楼和雅积阁之间的开阔夹角，它又起到了景观屏风的作用。

荷花池畔的其他位置，以及厅前、院内、道侧、廊旁等，也都按需要有单置或组合的石景，这些湖石景观，不论大小主次，从选材、摆放到与环境的关系等，无不体现出丰德园的审美品位。

第四章

# 理水

“近山亲水”是中国古典园林，尤其是苏州园林表达的主要理念。一般苏州园林都会以各具形态的水池构成园中主要景区。丰德园位于绿岛环境，四面环水，园内水域面积约占园总面积三分之一，水资源丰富。水域主体为一湾狭长曲折、贯穿东西的荷花池。池中除了植荷养鱼，还游弋着数只黑天鹅。荷花池的池岸，个别部位以条石垒砌，如荣泉堂月台临水一面，其余多为叠石岸，所用石材为湖石。有几处还铺设贴近水面的石矶。在荷花池中段偏西，湖中央有一亭（月近亭），两岸三座石板曲桥与之相连。此亭和曲桥组成池中一景，既方便游人浏览小憩，又将荷花池隔而不断地分为两个区域：东区以荣泉堂月台与凌寒峰上的梅花亭隔岸相望为主景；西区水域较为开阔，水感十足，衬托着天地景物，尤其使量怀楼别具气象，同时盈盈池水在这儿聚而有分，形成支流，或漫向石崖间，不知所终，或消失于廊下屋后。

荷花池四围，分布着假山、花木、亭台楼阁、廊桥船舫等，展现园内山水建筑之精华，而观赏这片池景的最佳位置，是分别位于东西两端的七星榭和雅积阁，同时两者之间也因池水衬托而形成妙不可言的相望互赏关系。

丰德园为了更好实践“近山亲水”理念，在理水方法上用心良多。其园内池水常年保持满盈、洁净的状态，游人不难在此得到一份不一样的观感和体验，但其中的讲究，外人是看不见的。

荷花池的池底和坡面都作了防失水处理，便于自行设定池水水位。丰德园内池设定水位高于外湖六十厘米左右。但要做到常年保持稳定的水位和洁净的水质，丰德园在理水上还另有行之有效的配套系统。

首先在池底各处铺设了七条排水管，七个排水口分别安置在略低于池底的水槽中。为了防止锦鲤鱼在清污排水时被带入排水口，每个排水口上都安装了网眼钢盖。

相应的七个出水口分置于园子外围各处，每个垂直出水管的高度均与内池水位相等。如因雨水原因内池水位过高，多余的池水便会自行从出水口溢出。如需进行内池池水清洁，只要将垂直部位的出水管拔出，受压力作用，内池池底的污浊水便会由七个排水口迅速泄出。

此外在不同方向的内池和外湖之间，还筑有三个水坝，它们的高度高于内池水位十厘米，当因为特殊原因，七个排水口来不及外泄过量池水时，上涨的池水便会从三个方向漫过水坝流向外湖，保证园内不会发生水满为患的灾情。

当内池水位低于设定水位时，补水系统开始工作，它们将外湖的水抽进来，经过安装有杀菌灯和滤网的过滤池，打到凌寒峰和苍屏岩两座假山上，形成瀑布景观，流入荷花池。

为了使相对封闭的池水流动起来，减少绿藻生成，池中还设有内循环系统。池水在水泵运作下，经由专用水管，被从西南角和东北角源源不断输送到西北角，再往不同方向注入池中。内循环程序也包含了水质处理。

这些现代技术手段的利用使丰德园内池池水既能保持理想的独立状态，又不失与外湖的联系，堪称传统理水理念之现代运用，为古人所不能为。

第五章

# 花木

花木是园林营造的标配，它们既有对山水、建筑等的陪伴、衬托、点缀的作用，往往自身又是景观主体，独具价值。如嘉定秋霞圃桃花潭畔那棵本地罕见、树龄约 270 年的古榉树，如今在游人观感和审美上也早已有被桃花潭衬托的一面，或者不如说在漫漫岁月中它们已长成一个整体。在这方面，园林建筑直接以花木命名的情况也比比皆是，同样如秋霞圃的碧梧轩、丛桂轩、延绿轩、晚香居等。

园林花木布局的方法多为师法自然，也有艺术地借鉴中国传统山水画。通常会考虑花木的季节性，配植不同的品种，以构成四季景色。根据地形、朝向、干湿等不同情况，选种生长习性适合的花木品种，也是园林花木布局的内容之一。桂花、黄杨、天竹、枸骨、女贞等耐阴，可植于墙角屋后;松、柏、榆等耐旱，可植于山坡高地;垂柳、枫杨、石榴等喜湿，可植于湖岸池畔。

丰德园的规划地块上几乎没有留下有价值的花木可供利用，寻觅合适的植物和定位移植是先于建筑的工作，尤其是大树。当然这项工作也须考虑成本。如今回头看，丰德园内的大型花木主要来源于自家公司在崇明的苗木基地，以及苏州藏书、安徽宣城等地花木市场。此外也有从本地农村觅得。最难的是找到理想的树形，又别具意味。

除了荷花池畔那棵俗称五谷树的雪柳(图 3-2-12),落户丰德园、称得上可遇不可求的大树古树，还有一棵合欢、一棵黄杨和一棵黄连木等。

合欢从本地徐行移植于此，如今长在荷花池北岸、凌寒峰西侧。这是一棵丛生树，多到有五株的树干在根部相连，形如手掌，难得的是这又恰与树名“合欢”之意相合。

黄连木也觅得于本地，树龄约六十年。像这样树龄的黄连木，在本地很少见到。黄连木的树叶进入秋季后，会在变色中同时呈现绿、黄、红、橙、紫等驳杂色，煞是好看，此树种因此适合大面积群植，以构成蔚为大观、五彩缤纷之景，同时也适宜孤植于宅院园林，既起到点缀、衬托的作用，也可成为观赏主景。如今长在丰德园内门前砖雕影壁旁的这棵黄连木，树高十多米，树形端正，树干挺拔，枝繁叶茂，是黄连木中的上品。

丰德园内门西侧天井里一棵黄杨，则来自苏州藏书。这是一棵古树，树龄约三百年。黄杨生长缓慢，属小乔木，成材慢，模样也不算引人瞩目。但黄杨不仅是珍贵树种，在传统观念中，外表柔美、内质坚韧的黄杨也有不比寻常的价值表现，因此这棵远道而来的高寿黄杨被认为给园子带来了祥瑞之气。(图 3-2-11)

丰德园门内影壁前，植有一棵同为名贵树种的大阪松。此树体型高大，造型完美，曲直有致，苍劲秀雅，与湖石、竹子等同框呈现出一幅构图巧妙、寓意丰富的中国画，其间松为主景，又不失山水之趣。周志高先生为丰德园所书“松风竹韵”即取意于此。

丰德园在花木配植上，遵循苏州园林基本方法，以落叶树为主，配合常绿树，两者之间的配比约为三比一，以体现上海地区四季分明的特点。三季有花，四时常绿。同时辅以藤萝、竹类、芭蕉、草花等。也选用若干色叶植物，如黄连木、红枫、银杏、乌桕、五角枫、三角枫等，以增加园中植物形与色的丰富性。而灌木类的观赏花，园中也依四季配植：春天有海棠、玉兰、樱花、杜鹃等；夏天有紫薇、石榴等；秋天有桂花；冬天有蜡梅、梅花（晚冬早春）等。

值得一提的是丰德园对本地树种的优先选用，如榉树、朴树、榔榆、乌桕、合欢等。

有些树虽不属本地树种，但如上所述，那棵黄连木，在本地出生并生长半个多世纪，它在丰德园眼里无异于“本地树”。

## ·丰德园花木名录

### 常绿乔木

**黄杨**

香气轻淡、雅致。生长缓慢，木质细腻，肉眼看不到棕眼（毛孔），多用来与高档红木搭配镶嵌或加工成精细的雕刻作品。丰德园内一棵黄杨树龄约 300 年。

**大阪松**

日本五针松的栽培变种之一，五针松中较名贵的一种，一般作为盆景选材，地栽者较少见。叶五针一束，叶色偏黄，枝叶紧密、平展，有如层云簇拥，古朴苍劲，虽老不衰。

**女贞**

别名冬青等。高可达 25 米。枝叶茂密，树形整齐，是园林绿化中应用较多的乡土树种。常丛植为行道树、绿篱等。叶可蒸馏提取冬青油。成熟果实晒干为中药女贞子。

**香樟**

优良观赏树木。枝叶及木材均有樟脑气味，可提取樟脑和樟油。果核含脂肪。根、果、枝和叶入药，有祛风散寒和杀虫等功能。木材为造船、橱箱和建筑等用材。

**黑松**

高可达 30 米，树皮带灰黑色。4 月开花。成熟时，多数花粉随风飘出。球果至翌年秋天成，鳞片裂开而散出种子，种子有薄翅。原产日本及朝鲜南部海岸地区。

### 罗汉松

高可达 20 米，胸径达 60 厘米。树皮灰色或灰褐色。花期 4—5 月，种子 8—9 月成熟。分布于中国多省区。材质细致均匀，易加工，可作家具、器具、文具及农具等用。

### 香泡

园林绿化中广泛应用。可将其安置于庭院、公园、广场、水榭旁。其树冠优美整洁，枝叶四季浓郁。可孤植亦可群植。秋季时绿叶中夹杂着金黄的圆润果实，充满生命气息。

### 香橼

又名枸橼或枸橼子。新生嫩枝、芽及花蕾均暗紫红色。花期 4—5 月，果期 10—11 月。生于海拔 350—1750 米的高温多湿环境。“香橼”亦为中药名。

## 常绿灌木

### 八角金盘

叶片形如手掌，裂叶约 8 片，看似有 8 个角。叶丛四季油光青翠。其性耐阴，在园林中常种植于假山边或大树旁，还能作为观叶植物置于室内。

### 茶梅

叶似茶，花如梅。体态秀丽、叶形雅致、花色艳丽，花期自 11 月初开至翌年 3 月。树形娇小、枝条开放、分枝低，易修剪造型，是理想的盆栽名花。

**南天竹**

别名南天竺等，我国南方常见的木本花卉种类。植株优美，果实鲜艳，对环境适应性强，常种植于园林。以它制作的盆景也常用来装饰窗台、门厅、会场等。

**杜鹃**

又名映山红、山石榴。相传古有杜鹃鸟，日夜哀鸣而咯血，染红遍山花朵。1985 年 5 月杜鹃花被评为中国十大名花之六。野生物种分布于中国、日本、老挝、缅甸和泰国。

**红花檵木**

又名红花继木等。花期 4—5 月，10 月能再次开花。果期 8 月。主要分布于长江中下游及以南地区、印度北部。花、根、叶可药用。

**月桂**

花期 3—5 月，果熟期 6—9 月。古罗马人视月桂为智能、护卫与和平的象征。奥林匹克竞赛获胜者，都会受赠一顶月桂编成的头环。“桂冠诗人”的意象由此而来。

**金橘**

又称金桔。高 3 米以内，花期 3—5 月，果期 10—12 月。中国南方各地栽种。金橘果实含有丰富的维生素 C、金橘甙等成分。以甘草作调料，可制成凉果。

**枸骨**

又名猫儿刺。叶形奇特，碧绿光亮，四季常青，入秋后红果满枝，经冬不凋，艳丽可爱，是优良的观叶、观果树种，在欧美国家常用于圣诞节的装饰，故称“圣诞树”。

**金边黄杨**

高3—5米。在各地园林中栽植普遍。其斑叶尤为美观，极耐修剪可作各种图案造型。具有极好的抗污染性，可有效对抗二氧化硫，是严重污染工矿区首选的常绿植物。

**十大功劳**

可做盆栽、园林种植。生长于海拔350—2000米的山坡林下及灌木丛处或较阴湿处。可入药，清热解毒、消肿、止腹泻等。

**苏铁**

俗称铁树。以“铁树开花”著名。雌雄异株，花形各异。地球上现存最古老的种子植物，著名的“活化石”植物。起源可追溯到3亿年前，在侏罗纪时代达到最盛期。

**枇杷**

高可达10米。花期10—12月，果期5—6月。树形美观，果味酸甜，供鲜食、蜜饯与酿酒用。树叶晒干去毛可供药用，有化痰止咳之效。木材红棕色，可制作木梳、农具柄等。

## 落叶乔木

**银杏**

高可达40米，胸径可达4米。中生代孑遗的稀有树种，中国特产。木材优质。种子供食用（多食易中毒）及药用。色叶树种，树形优美，可作庭园树及行道树。

**朴树**

高达 20 米。花期 4—5 月，果期 9—11 月。茎皮为造纸和人造棉原料；果实榨油作润滑油；木材坚硬；根、皮、叶入药有消肿止痛、解毒治热功效。可作行道树和园林观赏树。

**青桐**

别称中国梧桐（为区别于“法国梧桐”），高可达 15 米。树干挺直，树皮绿色、平滑。木材适合制造乐器，种子可食用或榨油。中国古代有凤凰“非梧桐不栖”的传说。

**雪柳**

夏季盛开的小白花聚成圆锥花序布满枝头，犹如覆雪，故称雪柳；秋季叶丛中黄褐色的果实挂满枝头，形状各异，又俗称五谷树。园林绿化的优秀树种，宜植于池畔崖边。

**榉树**

高可达 30 米，胸径达 100 厘米。树姿端庄，高大雄伟，秋叶变成褐红色，是观赏秋叶的优良树种。可孤植、丛植、列植。木材纹理细，质坚，耐水，供桥梁、家具用材。

**玉兰**

高可达 25 米，胸径 1 米。枝广展形成宽阔的树冠。花期 2—3 月，果期 8—9 月。材质优良，花含芳香油。早春白花满树，艳丽芳香。列入《世界自然保护联盟濒危物种红色名录》。

**杏树**

花期 3—4 月，果期 6—7 月。重要经济果树树种，杏子营养丰富，内含较多糖、蛋白质以及钙、磷等矿物质。木质坚硬。新疆喀什地区疏附县木亚格杏，被誉为“杏中之王”。

**黄连木**

树冠浑圆，枝叶繁茂秀丽。色叶树种，宜植于草坪、坡地、山谷，或于山石、亭阁之旁配植。生长缓慢，成材后价值体现显著，有“大器晚成”的寓意。

**紫薇**

高达 7 米，花期 6—9 月，果期 9—12 月。枝干扭曲，树姿优美，花色艳丽。花期长，称之“百日红”。有“盛夏绿遮眼，此花红满堂”的赞语。是观花、观干、观根的盆景良材。

**乌桕**

高可达 15 米，阳性树种，对土壤适应性较强。色叶树种，春秋季叶色红艳夺目。中国特有的经济树种。木材白色，坚硬，纹理细致，用途广。

**木瓜海棠**

高 2—6 米，枝条直立。果实卵球形或近圆柱形，3—5 月开花，9—10 月结果。一种春季看花、秋季观果的多用途花果药用植物。果实富含多种营养成分，有健脾消食等功效。

**三角枫**

多种植物的别称。树姿优雅，干皮美丽，春季花色黄绿，入秋叶片变红，是良好的园林绿化树种和观叶树种。耐修剪，可盘扎造型，用作树桩盆景。木材优良，种子可榨油。

**五角枫**

一般指五角槭。树姿优美，叶形秀丽，秋叶红艳，可用作庭院树、行道树。木材质坚致密，用途广。树液可制糖。枝、叶入药。列入《中国生物多样性红色名录 - 高等植物卷》。

**国槐**

一般指槐。花期 6—7 月，果期 8—10 月。枝叶茂密，绿荫如盖。宜门前对植或列植，或孤植于亭台山石旁。是优良的蜜源植物。花蕾可作染料，果肉能入药，种子可作饲料等。

**榔榆**

别称小叶榆。树形优美，姿态潇洒，树皮斑驳，枝叶细密，宜在庭院中孤植、丛植，或与亭榭、山石配植。木质坚硬。根、皮、嫩叶入药有消肿止痛、解毒治热的功效。

**垂柳**

分布广泛，生命力强，常见树种之一。园林绿化中常用的行道树，观赏价值较高。主要分布浙江、湖南、江苏、安徽等地。花期 3—4 月，果熟期 4—6 月。

**合欢**

又名绒花树，马缨花。高 4—15 米。花期 6—7 月，果期 8—10 月。喜光，耐干燥瘠薄。木材红褐色，纹理直，结构细，可制家具、枕木等。树皮可提制栲胶。

**无患子**

别名木患子、油患子、苦患树等。果皮含有皂素，可代肥皂。木材可做箱板、木梳等。根、 嫩枝叶、种子有小毒，可入药，用于清热祛痰、消积杀虫等。

**柿树**

高达 10—14 米以上。花期 5—6 月，果期 9—10 月。深根性树种，阳性树种，喜温暖气候和深厚、肥沃、湿润、排水良好的土壤。

## 落叶灌木

**紫荆**

性喜光照，也有一定耐寒性。喜肥沃、排水良好的土壤，不耐淹。萌蘖性强，耐修剪。皮果木花皆可入药，种子有毒。紫荆有“家庭和美、骨肉情深”的象征寓意。

**红枫**

观叶树种，叶形优美，红色鲜艳持久，树姿美观。广泛用于园林绿地及庭院做观赏树，以孤植、散植为主，宜布置在草坪中央、高大建筑物前后等地，红叶绿树相映成趣。

**蜡梅**

树高达 4 米。花期 11 月至翌年 3 月，果期 4—11 月。性喜光，耐干旱，忌水湿，有一定耐寒性。花芳香美丽。根、叶可药用，花可提取蜡梅浸膏。有“傲雪凌霜”之美誉。

**红梅**

梅花的一种，用于园林、绿地等，可孤植、丛植、群植，也可于屋前、坡上、石际、路边自然配植。可布置成梅岭、梅峰、梅园、梅溪、梅径等。以“冰清玉洁”著称。

**羽毛枫**

槭树科，槭树属鸡爪槭的园艺变种。树高达 4 米。树冠开展，叶片细裂，秋叶深黄至橙红色，枝略下垂。喜温暖气候，不耐寒。常用于园林、庭院作观赏树，可盆栽。

**赤枫**

又名赤干鸡爪槭。用于小庭园及园林造景，可孤植，冬季与皑皑白雪相互映衬，颇具情趣。叶片终年红色，一年生枝亦为紫红色。在园林中通常孤植或丛植于引人注目之地。

**结香**

高 0.7—1.5 米。花期冬末春初，果期春夏间。喜生于阴湿肥沃地。中国特有名优花卉，又是重要的经济树种，其花、树皮、枝干、根均有较高的经济价值。全株可入药。

**樱花**

品种繁多。秦汉时期樱花已在中国宫苑内栽培。唐朝时樱花已普遍出现在私家庭院。当时的日本朝拜者将樱花带回了东瀛，后尊其为国花。樱花象征热烈、纯洁、高尚。

**西府海棠**

高达 2.5—5 米，为中国特有植物。在北方干燥地带生长良好，是绿化工程中较受欢迎的产品。2009 年 4 月被选为陕西宝鸡的市花，宝鸡古有西府一称，“西府海棠”由此而来。

**石榴**

高 2—7 米。花期 5—7 月，果期 9—10 月。果实营养丰富，维生素 C 含量高。“怀远石榴”为国家地理标志保护产品。传统文化中的吉祥物，多子多福的象征。

**垂丝海棠**

高达 5 米，树冠开展。花期 3—4 月，果期 9—10 月。又名思乡草。也常被用来比喻善解人意的美人。宜植于小径两旁，或孤植、丛植于草坪上，或植于水边，犹如佳人照碧池。

**绚丽海棠**

花期 4 月中下旬，果期 6—10 月。果锥形，橘黄或橘红色，挂果期可长达数月。可观花、赏果、看叶，是花叶果俱佳的园林树种。耐寒，喜湿润土壤，耐旱，喜光，不耐阴。

**鸡爪槭**

树冠伞形。花果期 5—9 月。其中红槭和羽毛槭常作园林树种。较耐阴，在高大树木庇荫下长势良好。其叶形美观，入秋后转为鲜红色，色艳如花，灿烂如霞。

**紫叶李**

别名红叶李，高达 8 米。叶常年紫红色，观叶树种，孤植群植皆宜。紫色发亮的叶子，在绿叶丛中十分引人瞩目，在青山绿水中形成一道靓丽的风景线。

## 藤本植物

**紫藤**

常见的绿化观赏植物。花期 4 月中旬至 5 月上旬，果期 5—8 月。紫藤花可提炼芳香油，并有解毒、止吐、止泻等功效。紫藤皮则有杀虫、止痛、祛风通络等作用。

**凌霄**

攀援藤本植物。茎木质，以气生根攀附于它物之上。花期5—8月。生性强健，性喜温暖，有一定的耐寒能力，在盐碱瘠薄的土壤中也能正常生长。可供观赏及药用。

**金银花**

学名忍冬。观赏植物，又是一种具有悠久历史的常用中药，始载于《名医别录》，列为上品。“金银花”一名始见于李时珍《本草纲目》。

**络石**

夹竹桃科，长可达10米，具乳汁。3—7月开花，7—12月结果。根、茎、叶、果实供药用，有祛风活络、止痛消肿、清热解毒之功效。乳汁有毒。茎皮纤维拉力强。花芳香。

**风车茉莉**

夹竹桃科。适合在半阳半阴环境生长。繁殖可以使用扦插法。普遍应用于园林、小区、庭院、阳台等区域美化环境。

**鸡爪藤**

学名丛林素馨，为中国的特有植物。分布于我国云南、广西等地，生长于海拔1200—3100米的地区，一般生长在林中、峡谷和灌丛中。

**月季**

“花中皇后”，又称“月月红”。花容秀美，姿色多样，四时常开。也可作药用植物。品种繁多，中国是月季的原产地之一。1985年5月，月季被评为中国十大名花第五名。

**木香**

中国的特有植物。多生长在高山草地和灌丛中，根茎是重要的中草药。在园林运用上可攀援于棚架，也可作为垂直绿化材料，攀援于墙垣或花篱。木香花香味醇正，花含芳香油。

## 水生植物

**荷花**

又名莲花等。花期6—9月。藕和莲子能食用，根茎、荷叶、花及种子胚芽等都可入药。被誉为“出淤泥而不染，濯清涟而不妖”。1985年5月，荷花被评为中国十大名花之一。

**睡莲**

自古睡莲同荷花一样被视为圣洁、美丽的化身，常被用作供奉女神的祭品。除观赏价值外，睡莲花可制作鲜切花或干花。睡莲还是城市中难得的水体净化、绿化、美化的植物。

**鸢尾**

又名蓝蝴蝶、紫蝴蝶、扁竹花等。可供观赏，花香气淡雅。也可以调制香水，其根状茎可作中药，全年可采，具有消炎作用。

**旱伞草**

一般指风车草。高达150厘米，叶片伞状。8—11月开花结果。原产于非洲，分布于森林、草原地区的大湖、河流边缘的沼泽中。中国南北各省均见栽培，作为观赏植物。

**再力花**

花柄可高达2米以上，细长的花茎可高达3米，茎端开出紫色花朵，像系在钓竿上的鱼饵，形状非常特殊。原产于美国和墨西哥，中国引入的一种观赏价值极高的挺水花卉。

## 竹类

### 毛竹

竿高 20 多米，粗达 20 多厘米。4 月笋期，5—8 月开花。最具经济价值的竹种。常置于曲径、池畔、溪涧、山坡、石迹、天井、景门等。与松、梅共植，被誉为“岁寒三友”。

### 慈孝竹

又名孝顺竹，竿高 4-7 米，直径 1.5—2.5 厘米。具有较强的土壤层蓄水能力和净化空气的作用，是园林绿化中不可或缺的造景植物，被广泛用作绿篱和栅栏。

### 刚竹

竿高达 15 米。5 月中旬出笋。原产中国。刚竹适宜生长在土层较肥厚、湿润而又排水良好的冲积砂质壤土地带。竿可作小型建筑用材和各种农具柄，笋供食用，唯味微苦。

### 凤尾竹

植株较高大，竿高达 6 米。原产中国，华东、华南、西南以至台湾、香港均有栽培。观赏价值较高，宜作庭院丛栽，也可作盆景植物。

### 菲白竹

竿高 80 厘米。分布于中国江苏和浙江等省。具有观赏价值和饲用价值，可兼文化、观赏、生态于一体。

## 箬竹

阔叶箬竹种源是一种禾本科、箬竹属植物。中度喜光，喜温，喜湿，混生，多年生长，无开花结实期记载。竿高约 1 米。有观赏和实用价值。

## 菲黄竹

竿高达 80 厘米，绿色，无毛，平滑，中空。原产日本。中性，偏阳性植物。性喜温暖、湿润、向阳至略荫蔽之地。园林中常用作地被或其他造景，也可用于盆栽。

## ·丰德园花木配植一览表

| 区域 | 常绿乔木 | 落叶乔木 | 常绿灌木 | 落叶灌木 | 竹类 | 藤本植物 | 水生植物 | 地被 |
|---|---|---|---|---|---|---|---|---|
| 丰德园西大门 | 罗汉松 | 朴树<br>枣树<br>榉树<br>柿树<br>雪柳 | | 紫荆<br>结香<br>红枫 | 刚竹 | 紫藤 | | 麦冬 |
| 砖雕影壁停车场 | | 黄连木 | | 紫玉兰<br>月季 | | 凌霄<br>紫藤 | | 兰花三七 |
| “清风雅韵”门口 | | 紫薇 | | | | | | 阔叶麦冬 |
| 松竹影壁 | 大阪松 | | 南天竹 | 结香<br>火焰卫矛<br>蜡梅 | 罗汉竹 | | 西伯利亚鸢尾 | 阔叶麦冬<br>兰花三七 |
| 松竹影壁东侧锄云洞门内 | | 黄连木 | 南天竹 | 樱花<br>红枫<br>芭蕉 | 罗汉竹 | 常春藤 | | 肾蕨 |
| 松竹影壁西侧种月洞门内 | | 木瓜海棠 | 南天竹<br>毛鹃 | 红枫<br>芭蕉 | | | | 兰花<br>一叶兰<br>大吴风草<br>麦冬 |

| | | | | | | | | |
|---|---|---|---|---|---|---|---|---|
| 无为居<br>客房 | 香泡 | | 八角<br>金盘<br>南天竹<br>小叶栀<br>子花<br>紫鹃<br>厚皮香 | 羽毛枫<br>赤枫<br>红枫 | 菲白竹 | | | 肾蕨 |
| 松茂洞<br>门内 | 黄杨树 | | 八角<br>金盘 | | | | | 麦冬 |
| 无为居<br>北楼 | | 白玉兰<br>朴树<br>国槐<br>榔榆<br>三角枫 | 丹桂<br>南天竹<br>红花<br>继木<br>月桂<br>金橘<br>无刺<br>枸骨 | 紫薇<br>羽毛枫<br>蜡梅<br>贴梗<br>海棠<br>石榴<br>西府<br>海棠<br>樱花<br>忍冬<br>美人梅 | 菲白竹<br>黄金嵌<br>碧玉 | 千叶兰<br>木香<br>常春藤<br>扶芳藤<br>花叶<br>络石 | 铜钱草<br>西伯利<br>亚鸢尾 | 兰花<br>三七<br>肾蕨 |
| 荣泉堂 | 女贞 | 雪柳<br>朴树 | 无刺<br>枸骨<br>瓜子<br>黄杨<br>桂花<br>八仙花<br>南天竹 | 绚丽<br>海棠<br>红枫 | 罗汉竹<br>菲黄竹 | 花叶<br>络石<br>蔷薇 | | 兰花<br>三七 |
| 静忆轩 | | 朴树<br>榉树 | 茶梅<br>无刺<br>枸骨<br>南天竹 | 紫薇<br>樱桃 | | 紫藤<br>迎春<br>花叶<br>络石 | | 兰花<br>三七 |

| 如意廊桥 | 黑 松 | 乌桕 | 茶梅 | 紫薇<br>红枫 | 凤尾竹 | 鸡血藤 | | |
|---|---|---|---|---|---|---|---|---|
| 悦近斋 | | | 厚皮香<br>绣线菊<br>黄馨 | 紫薇<br>红枫<br>羽毛枫 | | | | 百子莲 |
| 惠泽门外 | | 白玉兰<br>杏树<br>青桐 | | 蜡梅<br>紫薇 | | 藤本月季 | | 大吴风草<br>麦冬 |
| 惠泽门里 | 黑松<br>罗汉松 | 白玉兰 | 南天竹<br>黄馨 | 羽毛枫<br>红枫 | | 千叶兰 | | |
| 一寸亭 | | 朴树<br>榉树 | 茶梅<br>无刺枸骨<br>南天竹 | 紫薇<br>樱桃 | | 紫藤<br>迎春<br>花叶络石 | | 兰花三七 |
| 来远舫 | 黑松 | 朴树 | 南天竹 | 紫薇 | | | | 矮麦冬 |
| 得慧厅东门 | | 榔榆 | 南天竹 | 红枫<br>牡丹 | | 花叶络石<br>麦冬 | | |
| 七星榭 | | 朴树<br>白玉兰<br>榉树<br>杏树 | 金边黄杨<br>茶梅<br>龟甲冬青<br>迎春<br>南天竹 | 鸡爪槭 | 箬竹 | | | 翠芦莉<br>百子莲 |

| | | | | | | | | |
|---|---|---|---|---|---|---|---|---|
| 凌寒峰<br>梅花亭 | 女贞 | 榔榆<br>朴树<br>乌桕<br>无患子<br>银杏<br>垂柳<br>三角枫<br>金叶榆<br>合欢 | 金边胡颓子<br>红叶石楠<br>大叶黄杨<br>黄馨<br>千层金<br>苏铁<br>南天竹<br>八角金盘<br>胡颓子<br>红花继木<br>米叶罗汉松<br>茶花<br>八仙花<br>桂花<br>毛鹃 | 鸡爪槭<br>红梅<br>紫薇<br>垂丝海棠<br>蜡梅<br>红枫<br>美人梅 | 慈孝竹 | 花叶蔓<br>络石<br>金银花<br>扶芳藤 | | 大吴风草<br>紫娇花<br>麦冬 |
| 月近亭 | | 乌桕<br>垂柳 | 清香木 | 绚丽海棠<br>蜡梅<br>贴梗海棠 | | 花叶络石 | | |
| 雅积阁 | 罗汉松 | 榔榆 | 南天竹<br>毛鹃 | 紫薇<br>樱花<br>红梅<br>鸡爪槭 | 菲白竹<br>菲黄竹 | | | |

| 苍屏岩 |  | 三角枫<br>乌桕<br>朴树<br>榉树 | 小叶女贞<br>南天竹<br>无刺枸骨<br>八角金盘 | 红梅 | 刚 竹 | 凌霄 |  |  |
| --- | --- | --- | --- | --- | --- | --- | --- | --- |
| 量怀楼 | 香泡 | 三角枫<br>朴树<br>垂柳 | 桂花<br>胡颓子<br>枇杷 | 造型榆树<br>红枫<br>花石榴 | 凤尾竹 | 花叶络石 |  | 麦冬 |
| 悠然亭东侧竹林 | 香樟 | 乌桕<br>栾树<br>榔榆 | 桂花<br>大叶黄杨<br>红叶石楠 | 花桃<br>蜡梅 | 毛竹<br>刚竹 |  |  | 麦冬<br>兰花三七 |
| 无为居<br>北河边<br>长廊 | 女贞 | 杏树 | 金边<br>黄杨 | 樱花<br>垂丝海棠<br>红叶李 |  |  |  |  |

（万泉华、范高峰提供）

第六章

# 建筑

建筑和山水、花木同构园景。在江南园林中，有独特风格和意味的建筑，还可成为园景的某一个主题，如古猗园的逸野堂、汇龙潭的魁星阁，更不用说孔庙门前的牌坊和石狮子。不仅如此，园林中用于休憩、居住的建筑，常常还是周边风景的观赏点，它们和山水、花木之间的关系，从哪方面看都极具审美意味。

丰德园建筑中普遍使用的优质非洲红木，其沉厚的木质感、丰富多变的纹理也明显提升了建筑的品质和美观度。

## 丰德园各区域之间隔而不断，实用与审美结合

丰德园在布局上隔而不断地形成三个区域：中部的山水景观区、西部的多功能活动区和东部以“无为居”命名的生活起居区。

无为居是园中建筑比较集中的一个区域，曲尺形走廊，一边是相连而筑的多栋中式两层楼宇，一边是设有漏窗的粉墙。漏窗的形状和花纹图案各不相同，有扇面形、海棠形、六角形、长方形等，有冰纹、波纹、菱花、绦环等多种几何图案及梅花图案等，透过它

们，墙外小院和天井里的风景若隐若现。阳光投射在花纹各异的漏窗上，在走廊里形成虚实相间的光影变幻，更增添了不寻常的园林氛围。无为居的空间因其使用要求相对封闭，不过房舍的另一面（南面）临河，不设围墙，窗前的河景和天空给人豁然开朗、心旷神怡之感。无为居北侧的别墅前还有一个面积较大的临河庭院，花木、湖石、水井，蜿蜒的河流，独立而开阔，给人无与伦比的空间感。悬挂“适情雅趣”匾额的二楼书斋，面向园子，西、南、北三面开窗，给无为居设置了观赏园景的最佳位置。北窗外还设有一个露天平台，有一条石道与园内连通。

中部景观区以山水为风景主题，主要建筑有荷花池南岸以“荣泉堂”为名的四面厅，以及荷花池北岸坐落于凌寒峰顶的梅花亭。这两处建筑除了各具功能价值和景观价值外，它们还是观赏园景不可替代的点位。梅花亭居于园林制高点，具有最佳角度俯瞰对岸由荣泉堂、静忆轩向西延伸、扩展的建筑群，欣赏它们在和花木山池相互映衬下，多变的形态和丰富的层次。梅花亭也是隔岸观看荣泉堂月台上戏文演出之别具体验的位置，当然此情此景如今更多会是在想象中演绎。

梅花柱上悬挂一副楹联“日消雪色江湖暖，风带梅香天地清”（顾建清撰，龚皆兵书），江湖、天地，雪色、梅香，令这一小亭又如融入于更高层次的诗情画意中。

由荣泉堂月台的位置眺望对岸，其精致美妙的造型，宛若一件放大的山水盆景。特殊的文化符号意味又给这一奇景增添了丰富的彼岸色彩。

西部多功能区域内建筑物也比较集中，它以湖心亭（月近亭）为分界标志，以曲桥和回廊连接各处建筑。荷花池水从月近亭下流过，在亭西形成一片比较开阔的水域，沿池分布着量怀楼、苍屏岩、雅积阁、桃李厅、来远舫、涌泉石、如归楼、悦近斋、如意廊桥、聆泉亭、一寸亭、静忆轩等，巧妙的布置，使这儿的建筑、池水、花木、湖石等构成一件完整、经典、令人赏心悦目的园景作品，而以这儿每一处建筑为视点，眼前的景物又各有亮点突出、尽善尽美的呈现。即使在不被人注意的角落，你也可能会被一些不乏奇思妙想的建筑小品所吸引，如来远舫与池岸夹角处一块摆放得恰到好处的小型湖石、走廊拐角处小天井里用老条石貌似随意拼搭的山水盆景的座架等。当你在悦近斋与朋友品茗小坐时，你可能没想到，景窗外常见的池畔红枫、依墙半亭、门前空地，却也构成一件别出心裁的建筑作品。

## 丰德园的建筑在传承古法基础上，凸显自身的追求和讲究

其一是在技艺上有突破。

丰德园的“蓝图”最早酝酿在封德华心里，后来由一位叫钱骏的嘉定籍苏州园林设计师在纸上手绘出平面布局图，后续也出了施工图。过汉泉到来后，他在钱骏的图纸上，结合封德华的意见统筹每一处建筑的样式，他手绘的建筑结构图纸有厚厚一摞。丰德园工程项目经理沈彪用电脑建筑绘图软件制作出最终的施工图。到了工地上，一位叫江月新的木匠师傅依据图纸划线放样。（图

3-1-1—图 3-1-5）

在这个过程中，过汉泉做的一件最具挑战性的事，是在后来被称之为凌寒峰的假山顶上成功造出了一座他自己之前也只是在明末造园家计成所著《园冶》里见到过一张平面图和几句描述的梅花亭：“先以石砌成梅花基，立柱于瓣，结顶合檐，亦如梅花也……诸亭不式，惟梅花、十字，自古未造者，故式之地图，聊识其意可也。斯二亭，只可盖草。”

起初过汉泉没把此事告诉封德华，他想“先斩后奏”，自己先尝试一下看。

封德华了解情况后，问过汉泉：“你有信心吗？”

过汉泉回答：“有信心。”

封德华说：“那你们就放心大胆去做，不用担心工时和费用。”

造这座梅花亭花了八个月时间，这还是在有了传统工艺和现代技术结合的今天。

梅花亭的难度集中在顶棚，尤其是藻井构造。顶棚使用了非洲柚木，瓦顶为铸铜。藻井分为内外两圈，外圈为梅花形，里圈为螺旋状穹隆顶。外圈每两片花瓣之间设有一个梅花垂柱，每片花瓣弧顶设一根落地梅花立柱。不寻常的是，梅花亭的五根立柱和屋脊并不在常见的一条线上，立柱处于两条屋脊之间，这使亭身造型显得富有变化，灵巧轻盈，而实际作用是使亭身更为稳固。

里圈是藻井主体，最具难度的所在。这个穹隆顶由十层螺旋纹由下而上盘旋构成，上下各层结构之间、每层相互结构之间都以榫卯相合，逐层以圆弧形状缩小至穹顶。它的工艺难度就体现在，任何一片条状木结构都需要有三个弧度，上下、左右和螺旋弧度，更不用说每一层的这些弧度都有变化。沈彪的电脑计算在这儿发挥了作用。这个穹隆顶先是在空地上研制拼搭成功，给各构件编号，然后拆开送去木雕厂雕刻，最后再按编号组装。雕刻不仅丰富了藻井图案内容，提升了木工工艺性，而且由十条龙和与之相伴的十组梅花表现的螺旋纹，极为生动，活灵活现。（图 3-3-1）

其二是充分体现工匠精神。

丰德园的每一处建筑都体现出了精益求精、但求完美的工匠精神。荣泉堂是其中的代表作。这一建筑俗称四面厅，它位于园子中部，荷花池南岸，南北相通，前后各设六扇格扇门（长窗），门两侧各有三扇槛窗（半窗），东西墙各设两面横窗（景窗），从里面尽可饱览四面园景，又不引人注意。荣泉堂不仅四周设有宽敞的檐下回廊，东、南、北三个方向还都留出了与建筑体量相适的开阔空间。北门外的月台还以有年头的老条石铺地，既是亲水、赏荷、观景的佳处，那些各有来历的老条石也增加了脚下的“底蕴”。正门前为该建筑量身定做的一个敞开式庭院，是访客从丰德园“清风雅韵”门进入，由右侧“锄云”洞门绕过松竹影壁入园的第一站，访客多半会在此处驻足，被园内气象万千、姹紫嫣红、层次丰富的景象所吸引。此地也是近距离观察这座气度不凡的主要建筑的佳位。庭院两侧均有曲径通幽，景物各异，引人入胜，而没有一定的游园路径，这也正是江南古典园林的布局风格之一。

和月台不寻常的铺地一样，荣泉堂前庭院以卵石、缸片、瓦片、望砖等材料打造的海棠纹铺地同样十分考究。它的特别不在于材质，而在于一丝不苟的工艺。在做铺地前，封德华曾带着他的团队去苏州等地园林考察学习，他们在学到一些宝贵经验的同时，也发现园林铺地较多存在“爆石”现象。他们找到了这一现象的原因，回家后采取针对性措施，切实提高做工要求和用料标准。他们做的铺地基础平展结实。在以混合材料镶拼图案纹样时，工匠们的细心、耐心和匠心，堪比在做一件织锦作品，不同材质之间的衔接与拼合在他们手下臻于完美。在丰德园竣工至今四年多来的实际使用中，园内“花街铺地”状况良好，没有发生过爆石现象。

说荣泉堂是丰德园一座代表性建筑，不仅是指这一功能建筑在传统园林文化格局中所处的位置，也是指它本身在园内建筑群中所代表的规格形制。荣泉堂是丰德园中体量最大的单层独幢传统建筑，深六界（七架梁），面阔三间，屋顶采用中国古建筑屋顶形制中等级规格仅次于庑殿顶的歇山顶，屋檐以令人眼花缭乱的斗拱支撑，凌空越出墙体，屋角高翘，形成飞檐翘角，令这座伟岸建筑显出琼楼玉宇般的不凡气度。廊柱间的雕花挂落、歇山顶两侧的泥塑山花等，丰富了它的建筑元素。（图 3-2-4）

影壁红尘透，风入花厅分水陆；

环湖韶月浮，景飞瑶榭照春秋。

荣泉堂前这副楹联（汪乐天撰，张波书）则又表达了这座建筑在园林中可能富含的多层次空间感。

与荣泉堂一廊之隔的静忆轩，是一座精巧雅致的小型建筑，五架梁，卷棚歇山顶，一面立墙，三面设窗，做工和装饰也极为讲究。它在竣工后又经过多番设计，如今呈现的是老上海特有的中西合璧风格。静忆轩的命名和与之相伴的荣泉堂一样，在封德华心里有特殊的分量和含意。

砖雕常是园林建筑中的“小品”，但丰德园有一件堪称大制作的影壁砖雕，位置在“清风雅韵”门前。封德华最早提出这个设想，我和李亮之做出了方案，其间出谋划策的还有钱欣明、张肖阳等。最后由李亮之为三面墙组合的影壁绘出了系列线描图稿。中间一幅以纪实方式写意丰德园景观面貌，左右两幅则以写意方式重构图画，以园内实景纪实丰德园精神气象，配以陶渊明诗句向传统文化致敬。砖雕制作交给苏州一个以香山帮古建筑雕刻手艺人蔡荣福领衔的民间砖雕班子。这个班子成员的年龄大都在五十岁上下，手艺精湛，后继乏人，令人感佩。他们的创作超出我们预期的是，他们仅凭李亮之的线描图稿，制作出了立体的、深浮雕的砖雕作品，画面中的孔雀、黑天鹅更是栩栩如生，呼之欲出。

这三幅砖雕作品的尺寸是：中间一幅宽四米三、高三米四，左右两幅各宽两米三、高两米。

李亮之的画稿在 2021 年以《丰德园览胜》为题入选第十一届上海美术大展。（图 3-3-6—图 3-3-11）

“清风雅韵”门内两侧墙面上，设有两件砖雕诗文作品：《丰德园概述》（张旻撰），《丰德园景八题》（汪乐天撰并书）。

其三是力求建筑样式多样化。

在建筑样式上力求多样化，这也是封德华和过汉泉之间达成的共识之一。对于可以做到不重样的，他们还要求采用的样式和建筑物的功能及环境相协调，比如园内建筑中出现最多的花窗，其窗棂图案丰富多彩，有植物、动物、字形、几何图形等，无不与建筑主题相适宜。园内出现较多的亭子、回廊等中的“美人靠”，其椅背样式虽以“鹅颈”著称，却也各有不同。

### 屋顶

丰德园建筑的屋顶采用了中国古建筑屋顶形制中最常见的五种形制中的三种：硬山、歇山、攒尖。硬山顶有悦近斋、如归楼、桃李厅、量怀楼、无为居北楼（别墅）以及山岚、松月、竹风、梅满等楼。歇山顶有荣泉堂、静忆轩、七星榭、来远舫、无为居“适情雅趣”书斋、丰德园西大门（屋宇式大门），以及丹枫亭（半亭）、鸳鸯亭、聆泉亭等。攒尖顶有梅花亭、月近亭、一寸亭等。

歇山顶中还另有卷棚歇山顶，即屋顶正脊被制作成圆弧形曲线，如静忆轩、七星榭、“适情雅趣”书斋、鸳鸯亭、聆泉亭、丹枫亭（半亭）等。

东西朝向的雅积阁屋顶北侧为硬山，南侧为歇山，二楼前后均有挑空平台，上设卷棚歇山顶。东墙挑空平台类似阳台，方便观景，而为它设置的“美人靠”、飞檐翘角等也令这一建筑具有观赏价值。

（图 3-2-4—图 3-2-7）

### 天花构造

屋内天花也富有变化，令人赏心悦目。非洲红木的使用不仅提升了天花造型的美观耐看度，而且该木木质细密有韧性，用它作椽子，更能制作成各种形状，尽木之用，减少拼接，增加了椽子对屋面的支撑力。

天花构造古法称为“轩”，丰德园各处建筑根据不同屋顶造型的要求，在椽子制作上采用不同形式的轩，如弓形轩、船篷轩、鹤胫轩、茶壶档轩等。

荣泉堂中间四界用的是船篷轩，前后界用弓形轩。

量怀楼中间四界用的是鹤胫轩，前后界用茶壶档轩。

静忆轩、来远舫用的是鹤胫轩。

悦近斋、七星榭均为船篷轩。

雅积阁二楼正厅为船篷轩，侧厅是鹤胫轩和船篷轩的组合。

如归楼北门东侧一座连接三面回廊的聆泉亭，其天花构造中有鹤胫轩和茶壶档轩的组合，它的屋顶形成错位重檐卷棚歇山顶。

得慧厅“明月入怀”侧厅的穹隆顶天花为鹤胫轩，藻井中心以八个莲花垂柱形成八角形，造型极为富丽。

悠长的回廊中除廊桥至静忆轩一段用如意轩，其余都是鹤胫轩，尽木之长，明处无拼接。

（图 3-5-1—图 3-5-6）

## 屋脊泥塑

丰德园建筑屋顶上还展示了一个以栩栩如生的泥塑作品表现的中国古代神话世界：

荣泉堂歇山顶两侧山花处贴金泥塑，一为寿星捧寿桃图，一为天女散花图。

悦近斋正门上方屋脊处泥塑为何仙姑手执荷花图。

惠泽门上方屋脊处泥塑为一组寿桃祝福图。

七星榭歇山顶山花处泥塑为牧童牵牛图。

鸳鸯亭上方屋脊处泥塑为吉祥双寿桃图。

桃李厅北上方屋脊处泥塑为牛郎钓鱼图。

量怀楼上方屋脊处泥塑为松鹤同春图。

丰德园西大门（屋宇式大门）歇山顶两侧山花处泥塑为寿带月季图和松鼠葡萄图，正脊两侧泥塑分别为牛郎水牛图、郑和下西洋图，东西两侧四条垂脊下端泥塑分别为一对仙鹤和两头狮子。

“清风雅韵”门上方屋脊处泥塑为狮头鱼尾图。

“清风雅韵”门内松竹影壁上方屋脊处泥塑为刘海撒金钱图。

雅积阁北侧屋脊下泥塑为山水鹊梅图。

雅积阁东挑空平台上方歇山顶山花处泥塑为福寿延年图。

雅积阁西挑空平台上方歇山顶山花处泥塑为山水鹤鹿同春图。

悦近斋南上方屋脊处泥塑为张果老倒骑毛驴图。

“适情雅趣”书斋歇山顶山花处泥塑为松鹤延年图。

……

（图 3-7-6—图 3-7-9）

**花街铺地**

丰德园的花街铺地也在不重样的前提下，做到与建筑和环境相适宜。

“清风雅韵”门内、松竹影壁前以规整大方的四八纹铺地。

荣泉堂前以富贵高雅、象征春天的海棠花纹铺地。

临池的涌泉石下以水波纹铺地。

鸳鸯亭边僻荫处以不规则石板呈冰裂纹铺地，显出自然野趣。

花木夹道的小径地面以瓦片卵石拼配出花草图案。

竹林间的石径以黑白双色鹅卵石镶拼出大熊猫图案。

池边石矶上配以鱼戏荷花纹铺地。

凌寒峰下沿河的弹街路上分布几处以卵石和砖瓦片镶拼的花卉动物图案。

在七星榭南侧卧牛石桥头，有一处寓含佛意且形似吉祥结的盘长纹铺地，表示长久永恒。

量怀楼前东侧一块阳光敞地上，一幅以多彩卵石和砖瓦片镶拼的花卉飞禽组图引人瞩目。

来远舫西侧以石片、缸片、卵石和瓦片镶拼出铜钱纹铺地。

雪柳南以瓦片、碗片、卵石和石片镶拼出铜钱树叶纹铺地，其中使用的匀称规整的石片均由人工敲凿而成，构成整齐而富有变化的树叶纹理的瓷片来自数千只瓷碗。

园内另有多处几何纹铺地，自然朴实，丰富多彩，点缀了周边景观，看着舒服，踩着结实，体现了实用和审美功能的结合。

（图 3-6-1—图 3-6-10）

### 洞门

在丰德园也可见识到江南古典园林特有的洞门的各种款式。

海棠门：七星榭北侧竹林走廊入口；

梅花门：鸳鸯亭内；

葫芦门：七星榭东河边走廊入口；

汉瓶门：苍屏岩北侧走廊入口，桃李厅前东侧入口，东部河边走廊南端入口；

平底月洞门：苍屏岩东侧走廊入口；

拱顶门：松茂门、竹苞门；

拱式门：悦近斋门前走廊两端；

方形插角门：松茂、竹苞内门；

八角门：锄云门、种月门；

月洞门：荣泉堂庭院东门；

圈门：荣泉堂庭院西门，又名鹤子门；

贝叶门：一寸亭南侧走廊入口；

佛脚印门：聆泉亭北侧走廊入口。

……

（图 3-7-1—图 3-7-5）

丰德园内亭子的造型也各不相同。梅花亭为五角亭，月近亭为六角亭，一寸亭为方亭，七星榭可视为长方亭，丹枫亭为半亭，还有一座鸳鸯亭。

砖雕作品除了前述“清风雅韵”门前的影壁砖雕以及分置于“清风雅韵”门内两侧墙面上的诗文作品《丰德园概述》（张旻撰）、《丰德园景八题》（汪乐天撰并书）之外，在园内主要集中于桃李厅和量怀楼外墙楼层之间的砖面上。木雕作品集中在荣泉堂、静忆轩、七星榭、来远舫、悦近斋、量怀楼等梁枋上。砖雕和木雕的内容，包括花窗的一些设计，在过汉泉《丰德园建筑说明》一文里已有说明，这里不再赘言。

## ·丰德园建筑说明

/ 过汉泉

丰德园是江南首个典型的今人造园林建筑，它充分把江南古建筑木构和木装折、木雕、砖雕等汇集在一起而具有展示性。它将明清以来的造园技艺进一步深化发展，且在绿化、叠山、水系处理等方面均有创新，为传承中国古典园林建筑文化作出了贡献。

中国的园林建筑木结构工程量占比例较高，它有着休闲、观赏、居住等功能。丰德园的园林建筑以木结构为主，园中亭台楼阁榭舫俱全。园主人封德华造园时与江南杰出的设计人员和香山帮的艺人充分沟通探讨，吸取江南各名园的精华，运用到丰德园中，从造型到意境到细部，从木构到木装折到花街铺地，从油漆到木雕砖雕，均是精品之作。

丰德园的木结构建筑物主要有门厅、储藏室、悦近斋、四面厅（荣泉堂）、静忆轩、水桥、来远舫、六角亭（月近亭）、方亭（一寸亭）、梅花亭、雅积阁，以及如意联廊等，都有不同的建筑内容和形式的展示，有的建筑还是江南首创。所有木结构建筑均依抬梁式构架和偶插穿斗式，除了门厅、四面厅（荣泉堂）、雅积阁、六角亭（月近亭），其余的大都以扁作构造为主，这是一个不墨守成规的创新之举。四面厅（荣泉堂）、雅积阁、六角亭（月近亭）、门厅采用圆柱圆桁。四面厅（荣泉堂）建筑是典型的斗拱戗角木结构建筑，并与静忆轩纵横相交。

方亭（一寸亭）采用明代乳鱼亭为范本，以搭角挑梁造屋顶攒尖顶来展示。六角亭（月近亭）为悬挑灯芯铸铜顶屋顶。梅花亭以明代《园冶》书中的一张平面图来完成构架，不同的构造手法可称国内独创。《园冶》中对此的描述寥寥数语："先以石砌成梅花基，立柱于瓣，结顶合檐，亦如梅花也……诸亭不式，惟梅花、十字，自古未造者，故式之地图，聊识其意可也。斯二亭，只可盖草。"梅花亭别致反常规，在传统中创出新法构造，深得业内同行专家认可和佳评。梅花亭屋顶采用了铸铜筒瓦和铜脊，以本色柚木制作出造型丰富的藻井，表现梅花香从苦寒来的寓意。

在古建筑园林木装折上，丰德园在不同的建筑上采用不同的款式。四面厅（荣泉堂）为回纹一根藤式门窗，来远舫为如意海棠式门窗，量怀楼为十字海棠式门窗，悦近斋用乱纹冰纹式，静忆轩用八角景式，雅积阁采用工字结式门窗，储藏室等采用葵式回纹。挂落和吴王靠基本上各个单体建筑上配用不同的款式，这些挂落和吴王靠可称为古建筑装折中的大全款式。

丰德园的建筑从古建筑木构架和木装折看，均可作为江南园林建筑的范本。

木雕砖雕技艺上，门厅梁上为梅兰竹菊，中间配牡丹，川枋为如意纹。四面厅（荣泉堂）雕有二十四孝、二十八贤、八仙过海、三阳开泰。七星榭雕有竹林七贤、渊明赏菊、渔樵耕读、清明上河图。榭前地面上布设石棋"七星聚会"残局。静忆轩雕有西洋之花。来远舫雕有郑和下西洋、郑成功收复台湾，地罩为喜鹊登梅，枋上雕有荷花。悦近斋雕有暗八仙、琴棋书画配梅兰竹菊，另有茶文化、酒文化、三顾茅庐、煮酒论英雄等。雅积阁雕有梅兰竹菊、渔樵耕读、四时读书乐、闹元宵、状元游街、郭子仪拜寿、比武招亲等。

（图 3-3-1—图 3-3-8；图 3-4-1—图 3-4-6）

砖雕部分，餐厅（桃李厅）外有渔樵耕读、荷花；量怀楼外有三英战吕布、群英会、古城会；照壁上雕有丰德园全景俯视图，两旁配以青松园和翠竹园图案。

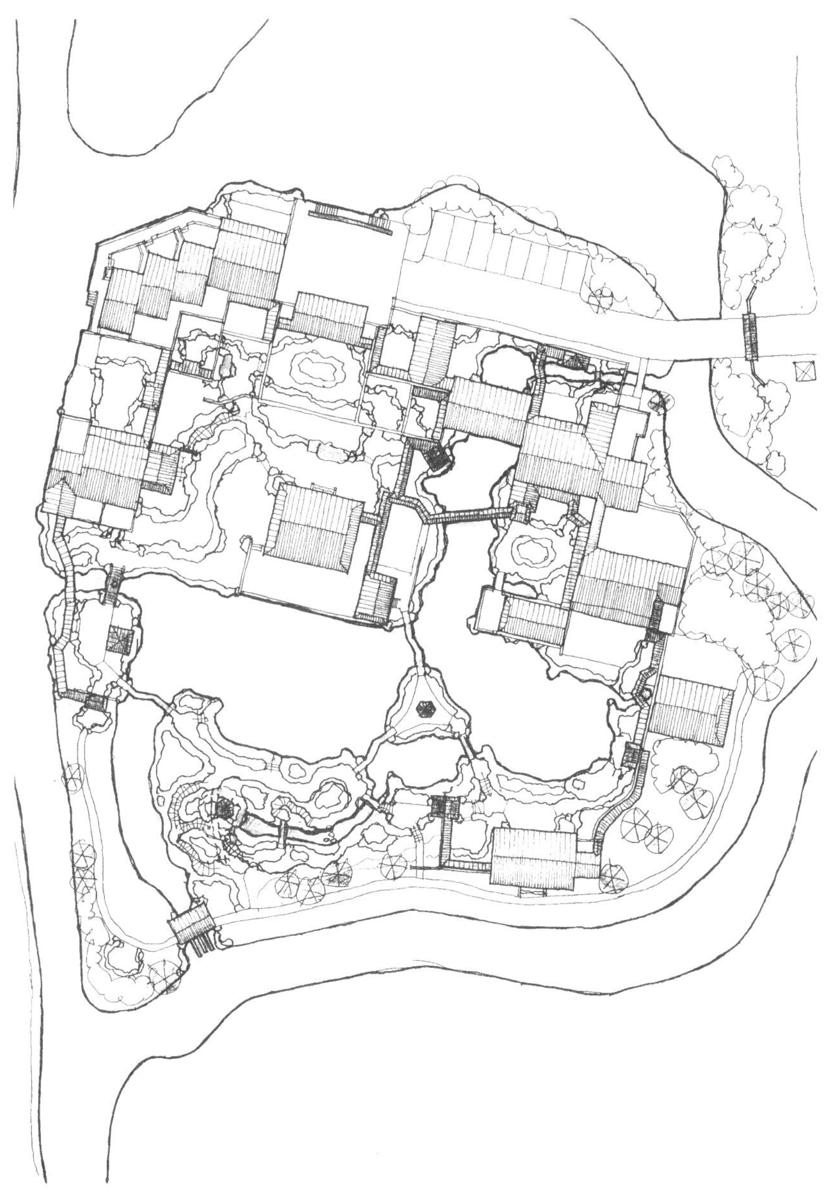

图 3-1-1 最初的“蓝图”：钱骏手绘平面图

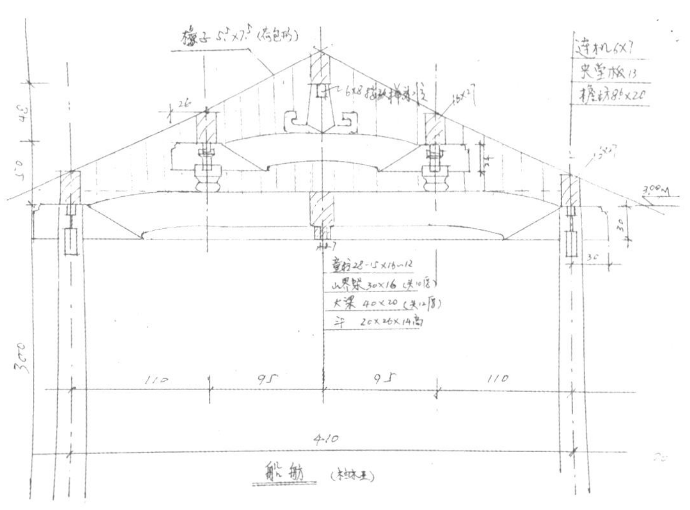


图 3-1-2　过汉泉手绘船舫（现名来远舫）草图

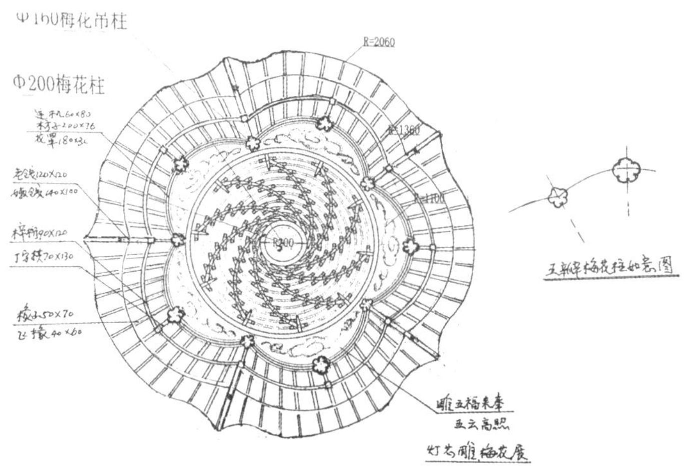


梅花亭仰视屋面图

图 3-1-4　过汉泉手绘梅花亭仰视屋面图

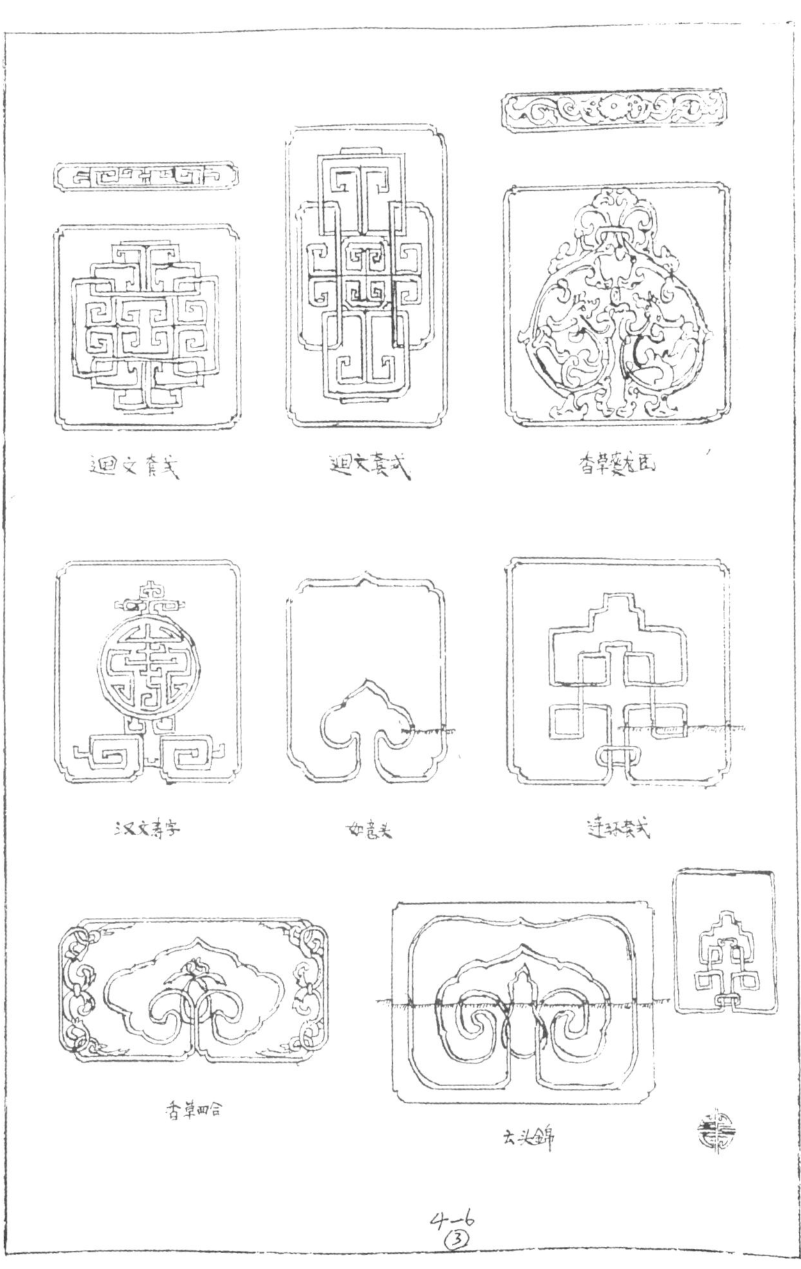


图 3-1-3　过汉泉手绘格扇裙板式样图

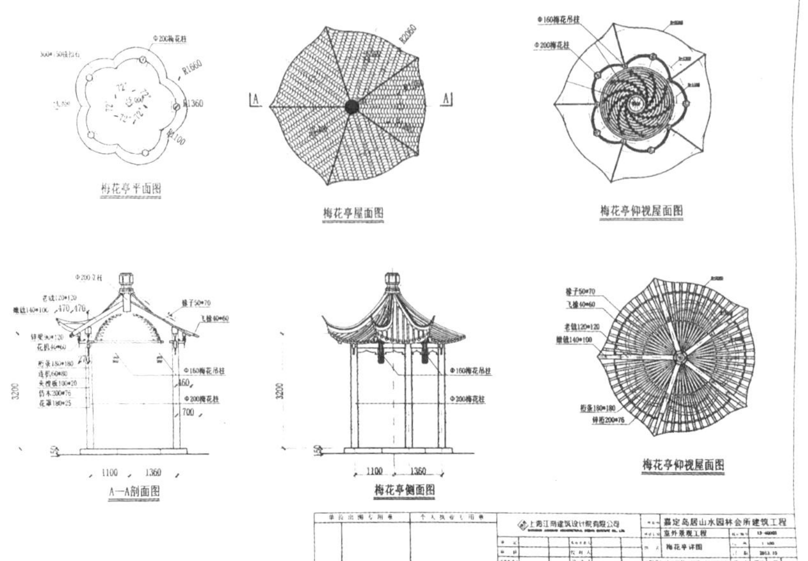


图 3-1-5　沈彪电脑绘制梅花亭详图

图 3-2-1　从荣泉堂月台观荷花池对岸凌寒峰梅花亭

图 3-2-2 苍屏岩

图 3-2-3 无为居崖壁式假山

图 3-2-4　荣泉堂（四面厅），飞檐翘角，歇山顶

图 3-2-5　量怀楼，硬山顶

图 3-2-6　七星榭，卷棚歇山顶

图 3-2-7　梅花亭，铸铜攒尖顶

图 3-2-8　来远舫

图 3-2-9　如意廊桥景区

图 3-2-10　铸铜瓦楞

图 3-2-11　三百岁黄杨

图 3-2-12　雪柳（五谷树）

图 3-3-2　得慧厅侧厅藻井

图 3-3-1　梅花亭藻井

图 3-3-3　来远舫喜鹊登梅地罩

图 3-3-4　荣泉堂雕梁

图 3-3-5　悦近斋雕梁

图 3-3-6　砖雕影壁（如意廊桥景区，局部）

图 3-3-7　砖雕影壁（黑天鹅，局部）

图 3-3-8　砖雕影壁（孔雀，局部）

图 3-3-9　李亮之作砖雕影壁图稿之一

图 3-3-10　李亮之作砖雕影壁图稿之二

图 3-3-11　李亮之作砖雕影壁图稿之三

图 3-4-1　荣泉堂（四面厅）回纹一根藤式门窗

图 3-4-4　来远舫如意海棠纹花窗

图 3-4-3　雅积阁工字结纹式花窗

图 3-4-2 静忆轩八角景纹式花窗　图 3-4-5 悦近斋冰梅纹花窗

图 3-4-6　量怀楼十字海棠纹花窗

图 3-5-1　静忆轩天花构造：鹤胫轩

图 3-5-2  悦近斋天花构造：船篷轩

图 3-5-3 如意廊天花构造：如意轩

图 3-5-4　回廊天花构造：弓形轩

图 3-5-5　量怀楼天花构造：中部为鹤胫轩，两侧为茶壶档轩

图 3-5-6　聆泉亭天花构造：鹤胫轩、茶壶档轩

图 3-6-1　荣泉堂前海棠纹铺地

图 3-6-3　清风雅韵门内四八纹式铺地

图 3-6-2　荣泉堂东铜钱树叶纹铺地

图 3-6-4　荷花池畔盘长纹铺地

图 3-6-5　荷花池畔镶嵌仙鹤图案的弹街路

图 3-6-8　丹枫亭前冰裂海棠纹铺地

图 3-6-6　荷花池畔荷花纹铺地

图 3-6-7　桃李厅前铜钱纹铺地

图 3-6-10　鸳鸯亭花街铺地

图 3-6-9　竹林小径入口处熊猫图案铺地

图 3-7-2　梅花洞门

图 3-7-1　月洞门

图 3-7-4 贝叶洞门

图 3-7-3　海棠洞门

图 3-7-7　屋脊泥塑：刘海撒金钱

图 3-7-5 佛脚印洞门

图 3-7-6　歇山顶山花泥塑：天女散花

图 3-7-8　歇山顶山花泥塑：牧童牵牛

图 3-7-9　屋脊下泥塑：山水鹊梅

第七章

# 匠人名录

园记是园林营造的标配。古人园记，大都以抒怀言志为主，也说明缘起、地理位置、园林功能特点等。如欧阳修的名篇《真州东园记》，记录了他的三位做官的朋友，在真州这个地方，利用一片废弃荒地修建了一座“广百亩”的园林。此文笔墨重点落在两处：一是称赞他的三位朋友变废为宝修建东园，为当地百姓和四方过客做了一件功德无量的好事；二是满足三位朋友的心愿——用他的朋友的话来说就是：“然而池台日益以新，草木日益以茂，四方之士无日而不来，而吾三人者有时皆去也，岂不眷眷于是哉？不为之记，则后孰知其自吾三人者始也？”大意是他们三人修园虽是为善，然而也希望后人知道东园是谁所创建，这就是他们请欧阳修写园记的本意。今日江苏仪征当地的东园，是一座湿地公园，已和宋东园无直接关系，仍沿用这个园名，就是有欧阳修《真州东园记》以及王安石《真州东园作》等诗文的影响力在。

但从另一个角度来说，园名留下来了，三位创建者青史留名了，过去有关东园的诗文也有流传至今的，只是我个人还会关心另一个内容，就是历来人们所称颂赞美的这些园林建筑，虽然毋庸置疑是由被称之为工匠艺人者所造，然而这些人的身影似乎并不存在。一座园子落成，匠人们退场，从某种意义上说这正应了福楼拜所赞赏的艺术应有的纯粹：呈现艺术，退隐艺术家。然而情况并非如此，匠人们退场后，他们完成的作品开始有了各种“名”，以致似乎更需要因名而显，更容易化为种种与艺术无关的“传奇”。当今天我们面对一些饱经沧桑传世至今的古典园林，就很容易被它们从“历史的尘埃”里显露出来的真容所惊艳，因此就会觉得，即使是像欧阳修等留下的《真州东园记》这样的园记名篇，也更多是将园林当作抒己“心中块垒”的题材，当作讲述官员功德故事的素材、为他人树碑立传的案例。从这个层面上说，《真州东园记》可以被看作是一件“借景抒情”“托物言志”之作，甚或是一件“应酬之作”。

在我有限的见闻里，只听说过一个叫武龙台的清朝梓人（木匠），因为在为雇主修园中表现好，他的雇主、诗人袁枚给了他“梓人武龙台，长瘦多力，随园亭榭，率成其手”的评价。

为此我也有意学一学袁枚之“大不韪”，将历来在“园林史”中缺席的匠人——当然此处指的是与本文主旨有关的匠人们，邀请出场。

### 参与丰德园营造匠人（部分）名录

马方胜：1972 年生，安徽省池州市人，泥瓦工。

王东海：1968 年生，江苏省苏州市人，泥塑，石工。

熊远发：1968 年生，安徽省池州市人，泥瓦工。

江月新：1961 年生，安徽省芜湖市人，木工，班组长。

马五一：1969 年生，安徽省池州市人，石工。

张双狗：1973 年生，安徽省池州市人，泥瓦工，班组长。

王恩荣：1959 年生，安徽省芜湖市人，木工。

陶木生：1969 年生，安徽省芜湖市人，泥瓦工。

杜国华：1970 年生，安徽省池州市人，电工，机修工。

江月鹏：1966 年生，安徽省芜湖市人，木工。

王立本：1966 年生，安徽省池州市青阳县人，木工。

周玉生：1962 年生，安徽省池州市青阳县人，木工。

洪冬伍：1964 年生，安徽省池州市青阳县人，木工。

洪六一：1968 年生，安徽省池州市青阳县人，木工。

孙子琼：1955 年生，安徽省芜湖市南陵县人，木工。

徐成红：1968 年生，安徽省池州市青阳县人，木工。

蔡荣福：1963 年生，江苏省苏州市吴中区人，香山帮古建筑雕刻手艺人。

王永金：1979 年生，江西省上饶市玉山县人，古建筑雕刻手艺人。

具良友：1982 年生，江西省上饶市玉山县人，古建筑雕刻手艺人。

许　成：1987 年生，江苏省苏州市吴中区人，古建筑雕刻手艺人。

严向东：1967 年生，江苏省苏州市吴中区人，砖雕安装。

须纪元：1967 年生，江苏省苏州市吴中区人，砖雕安装。

陈建国：1959 年生，江苏省苏州市吴中区人，砖雕安装。

毛时波：1969 年生，四川省资中县人，砖雕安装。

顾兴弟：1964 年生，江苏省苏州市吴中区人，木雕匠人。

王健康：1960 年代生人，江苏省苏州市人，叠山匠人。

林奕真：1970 年代生人，安徽省人，叠山匠人。

罗瑞芝：1960 年代生人，浙江长兴人，太湖石鉴赏家、供应商。

张纪云：1968 年生，江苏省泰兴市滨江镇人，木工。

……

由于有些匠人“退隐”后难以联系到，这是一份不全的名单。在这份名单外，还有文章中已出现的过汉泉、钱骏、沈彪、万泉华、范高峰等，以及郭文（设计师）、顾建刚（苏州仿古铜器制作技艺区级非遗代表性传承人）等。

上述诸君，各怀长技，丰德园亭榭山池，率成其手。

**补记：**写完此篇后，从陶继明君处得知，十多年前他在校注《嘉定李流芳全集》时，因内容有涉明清嘉定园林，他曾向上海社科院文学研究所研究员夏咸淳请教过相关问题，夏先生为此还专门写了一篇文章给陶继明。从那篇文章里可以了解到，明清时期江南私家造园蔚然成风，嘉定“僻在海隅，亦多园林”，除了今天为人熟知的秋霞圃、古猗园、檀园等，还有归有园、垫巾楼、东园、薖园、石冈园等。但是历史上留下和造园有关的人物姓名事迹的，只有园林的主人。夏咸淳先生推测，在明清时期的嘉定，除了身为文艺大家的园主熟谙造园之道，“当别有艺匠妙手”。他从当时的诗文中考得一人，叫夏华甫。但他也进而发现，像夏华甫这样得到过李流芳、程嘉燧、唐时升、钱谦益等同时代名家作诗题咏的造园专家，“其生平事迹亦不见于史册方志及碑传记序之类，今人园史著述也未道及，殊可怪也”。

何况那时的其他匠人！

**谨录夏咸淳先生文中有关内容：**

明代嘉靖以还，江南私家园林蔚兴。苏、松、杭、绍诸郡，山水清秀，城市繁华，人物懋美，城中华构耀衢，郊外别墅映川，园亭之盛为江南之最。时嘉定隶于吴郡，僻在海隅，亦多园林，若徐学谟之归有园，汪明际之垫巾楼，侯震旸之东园，龚锡爵之秋霞圃与石冈园，是其尤著者也。嘉邑之南翔，蕞尔一镇，园墅栉比，盖不下十数，李流芳之檀园，其侄李宜之之猗园，张崇儒之薖园，皆名著一方，亦盛矣哉！

造园兴作事繁，民乃赴之以为衣食，土、木、瓦、石诸工需求渐旺，而能工巧匠身价随涨，聘请常无虚日。松江造园名匠，前有张南阳（上海人），后有张南垣（华亭人，晚迁嘉兴），苏松名园如上海潘氏豫园、太仓王氏弇园等，华亭李氏横云山庄、常熟钱氏拂水山庄等，即分别出自二人之手。崇祯间，苏州吴江计成是造园匠师，亦造园理论家，所著《园冶》乃构园经典之作。又名园主人、士林才俊亦或谙造园之道，如长洲文震亨，太仓王世贞，无锡邹迪光，华亭施绍莘，山阴张岱、祁彪佳之辈，皆家有园林，且精通其妙理。“嘉定四先生”中檀园主人李流芳、松圆老人程嘉燧、叔达先生唐时升亦谙此道。而嘉定竹刻名家朱三松曾手自擘、堆叠南翔猗园。此外，当别有艺匠妙手，今考得一人，曰夏华甫。

夏华甫，明季嘉定寒士也。栖隐疁城南郊，筑室其间，构水亭，苫以茅草，树槿为垣，临流架独木桥，以通往来。引水为池，池水清澈，风动波起，星光月影，如梦如幻。园中奇石假山，以至盆景瓶花，疏密掩映，饶有画致。冬居曲室，暖意洋洋；夏临虚亭，凉风习习。房前屋后，杂植青松翠竹、古梅寿藤，池植莲藕，圃种瓜菜。

鸟鸣啁啾，蜂飞蝶舞，物无机心，与人相亲。此园一池一石，一草一木，一亭一室，皆以匠意为之，而存天然之韵，朴野之趣，于此可见主人之幽情高致。

华甫志尚高远，而不得志于时，因沉酣于园林花木，以遣潦倒失意。家贫，囊中屡空，好饮酒品茗，喜结高人雅士，有侠士风，与嘉邑名士李流芳、程嘉燧、唐时升诸先生友善。崇祯三年（1630），华甫随松圆老人程嘉燧至常熟拜会大名士钱谦益，为其拂水山庄补筑高台。台成，主人乐之，特作七言长歌以赠，亟称华甫之技艺、才干、人品。华甫所造园林或不止于自家水亭与钱氏拂水台，然其他俱不可考，并其生平事迹亦不见于史册方志及碑传记序之类，今人园史著述也未道及，殊可怪也。

第八章

# 建筑和山水景观主题说明

昌徐路600号，位于嘉宝片林和嘉定北部生态绿廊中，面积200亩，四面环水。门前有柳湖路，内有柳湖，自然环境得天独厚，人文景观特色彰显，水木清华，风情素韵，故又称柳湖雅集。其中心为心形草坪。在“心”的一侧，丰德园和松茗园东西相向。草坪南面有一条沿河林中休闲走廊，为烤包子咖啡屋“露营风”露天延伸段。咖啡屋匾额为张大昕书写。柳湖南岸、心形草坪西侧为弘根园，园中布置展示的几十件山水盆景作品出自中国盆景艺术大师、海派山水盆景领军人物乔红根之手。园名弘根，嘉弘之弘，寓意弘扬。

松茗园北面柳湖边有一块突出的平地，三面临水，上面生活着多种小动物，尤以孔雀、梅花鹿等吸引人眼球。岛名“来禽”，寓意更好的环境使富有生命的空间无限延伸。入口处悬挂对联：“岛中岛得天独厚，湖畔湖与木同荣。”（张旻撰、谢步罡书）

西部为蔬香园、果乐园，为游人提供“闻香识农”之趣。

尚在规划中的项目有位于丰德园正南的百合居和西面偏北的南山苑。百合居，寓意百年好合；南山苑，位置偏北且无山，然无妨取意寿比南山。

## 丰德园外门、内门

外门位于丰德园大院西侧，与松茗园入口相向。屋宇式大门，非洲红花梨材质，高敞、厚实，端庄、典雅。带有飞檐翘角的屋顶采用中国古建筑屋顶形制中等级规格仅次于庑殿顶的歇山顶，其由一条正脊、四条垂脊、四条戗脊组成，屋顶两侧形成三角形“山花”墙面。在中国古代，歇山顶曾多用于宫殿、庙宇以及达官贵人住宅正堂等建筑。丰德园以完美的仿制，展示了这一中国古建筑文化遗产的风貌。

“丰德园”门匾为鲍贤伦书写。

大门南侧拟设《丰德园碑记》一方，张旻撰文，杨贤淼书写，苏州香山帮古建筑雕刻艺人蔡荣福店铺承制，苏州吴中区非物质文化遗产碑刻碑拓技艺传承人戈春男携子张弘镌刻。

老汉白玉，宽 65 厘米、高 120 厘米、厚 15 厘米。

内门位于丰德园南墙东侧。诸多中国古代府邸正门的符号性文化元素包含其中，如门钉、门当、户对，门内影壁、门外影壁等。

门内松竹山水影壁为一道颇具创意的“开窗”粉墙，旨在更好表现“隔”中有“漏”的苏州园林审美观。

门外影壁由一大二小三面砖雕墙组成。画家李亮之为砖雕影壁创作了《丰德园览胜》线描图稿：正中为丰德园全貌图，两侧创意图尝试以丰德园景观元素构图，向中国田园诗派开山鼻祖陶渊明诗歌中千百年来令人景仰的美好意境遥致敬意。

《丰德园览胜》图稿 2021 年入选第十一届上海美术大展。

门内两侧墙面各以砖雕形式展示诗文作品《丰德园概述》（张

旻撰）、《丰德园景八题》（汪乐天撰并书）。

“清风雅韵”门匾及楹联“宇内烟霞凭日出，江南图画向天开”，孙敏书，楹联作者顾建清。

## 荣泉堂

中国古代客厅，称为厅堂，是会见宾客、长幼教谕、举办喜庆活动的场所。古时大户人家的厅堂，中堂的布置，特别讲究“序”和“礼”，中规中矩，条案、方桌、椅和几为必备。中堂字画、匾额、楹联等的内容都有定规，以宣扬儒家治家修身思想为主。厅堂内家具的摆放，亦以正厅中轴线为基准，采用成组成套的对称方式，显出庄重、高贵、气派。

苏州园林中的厅堂，因四面设窗轩，便于观景，故也俗称四面厅。

丰德园中的这座厅堂，主要建筑材料颇为讲究。木材采用非洲红花梨，质感厚实，色泽深沉，木纹悦目。铺地方砖采用传统苏州御窑金砖制作技艺定制烧制。这种地砖制作工艺繁复，成品质地坚密细润，光可鉴人，“断之无孔，敲之有声”，其音铿锵，故名金砖。明清时苏州御窑金砖专供宫殿、庙宇等重要建筑使用。如今这一制作技艺已被列入国家级非物质文化遗产保护名录。

荣泉堂以园主父亲名字命名。园主父亲封荣泉是国家级非物质文化遗产南翔小笼馒头制作工艺第五代传承人。园主的事业起于水利，亦和水结下不解之缘。

这一堂名，也满含中国传统文化中的吉祥寓意。

据百度：荣泉是一个汉语词汇，基本意思是清泉、美泉。《汉书·礼乐志》:“食甘露，饮荣泉。”颜师古注:“荣泉，言泉有光华。”明刘基《芳树》诗：“景风昼拂，荣泉夜滋。”

泉字另有一义，钱币古称泉币。榮泉堂为名，五行兼备。

此匾及楹联“影壁红尘透，风入花厅分水陆；环湖韶月浮，景飞瑶榭照春秋”，张波书写，楹联作者汪乐天，匾额创意张旻。

汪乐天作《丰德园景八题》有“荣泉晖光”：

华厅常抱四时风，在在空明更得中。

且喜椿堂花馥馥，清晖长驻乐年丰。

## 静忆轩

静忆轩依靠在荣泉堂西侧，民国时期中西合璧为其设计风格。一面立墙，三面设窗，窗玻璃采用进口的彩色教堂玻璃。室内配以民国时期上海滩老家具。

目前这里被布置为一间“中餐西用”餐厅。

和荣泉堂相似，静忆轩嵌入了园主母亲的名字。一堂一轩，相伴相守。

轩外回廊“美人靠”的如意纹椅背，以整木全手工雕刻，精致美观。

静忆轩匾额为被誉为当代中国书画界泰斗的陈佩秋书写。陈佩秋于 2020 年 6 月 26 日凌晨 3 点仙逝，享年 98 岁。此匾亦记下了对陈佩秋先生永久的纪念。

轩名创意封德华。

## 如意廊桥、一寸亭、聆泉亭

丰德园西部的回廊连接着园内中心建筑群，量怀楼、雅积阁、桃李厅、来远舫、如归楼、悦近斋、静忆轩、荣泉堂等。如意廊桥位于回廊中心，巧夺天工的拱和曲，尽显古典韵味。

廊桥顶棚以非洲红花梨制成吉祥喜庆的如意椽子，美观且提升了椽子的支撑力。

如意廊桥与对面夹水而立的一寸亭、聆泉亭，三者布局形制取意于拙政园小沧浪，加以水雾花木的陪衬烘托，仙气飘飘，形成江南园林景观中最富想象的一幕。

一寸亭为攒尖顶方亭，立于湖石上，花香馥郁，水汽氤氲。以“一寸”为名，言其小而精巧，亦寓意园林景观设计“寸心”所在。细心的朋友可能会发现其中还“潜伏”一个和园主姓氏有关的“字谜”：丰德园之“丰”（简体）加“一寸”，形似园主姓氏“封”。一寸亭相伴于荣泉堂、静忆轩之侧，“寸心”不忘，饮水思“泉”。

简体“丰”也古已有之，古字形像在土上种树。在甲骨文中，丰就是封的本字。

聆泉亭以亭前涌泉石得名，呼应《涌泉石诗》中“静处犹闻溅玉声”的意境。

“一寸亭”创意张文娟，匾额书写刘洪彪。“聆泉亭”创意张旻。

汪乐天作《丰德园景八题》有“如意月朗”：

人间喜得小盘桓，蕉覆凉生可倚栏。
坐到潮平明月落，长廊如意隔花看。

## 无为居

无为居为园中园，由几栋带有天井和庭院的中式楼宇构成丰德园中相对独立的生活起居区域。天井和庭院的设置，令方寸之地，别有洞天。傍河而居的位置，将阳光、草木、流水的自然意蕴引入家居环境。

“无为居”，取意于《道德经》第二章：“居无为之事，行不言之教，万物作而弗始，生而弗有，为而不恃，功成而弗居。夫唯弗居，是以不去。”

“居无为”，《道德经》中表述的一种认识人生和自然规律的态度。不自恃，不居功，由此无为，而至无不为。人生真正的价值体现，“夫唯弗居，是以不去”。

无为居，不单单是一处居所的名称，也表达了关于有和无、为和无为、弗居和不去的辩证思想。

“无为居”创意张旻。其间楼宇名“山岚”“松月”“竹风”“梅满”等，张肖阳创意。书斋匾额“适情雅趣”，顾建清创意，王冰石书写。

## 来远舫、悦近斋

成语“悦近来远”，出自《论语·子路》。春秋时期，楚国大夫沈诸梁因封地于叶被称为叶公，孔子周游列国，来到楚国的叶邑，叶公向他请教怎样治理一个地方。孔子回答：“近者悦，远者来。”告诉他要先让境内的人民欢悦无怨，于是远处的人就会慕名而来。

治理一个地方如此，管理一个单位、经营一家企业无不如此。在人际交往中，始终秉持以诚相待之心，更会有意想不到的收获。

来远舫，同时也给人某种动态感，恍若丰德园中这艘不系舟载着客人从“远方”而来。

来远舫上设于亭台之间的一面木雕地罩颇不寻常，此地罩为满雕、透雕、双面雕，内容是喜鹊登梅，堪称人工木雕之精品。

悦近斋，客厅兼具文房气息，是客人进入丰德园后，歇脚休憩、品茗叙谈的场所。悬挂正中的匾额“悦近”，和由回廊相连的“来远舫”呼应，表达着丰德园对每一位来访客人的友善和热忱。

两处匾额书写者是一对师生。老师王冰石，当代书画篆刻家，教授，曾任江苏省书法家协会副主席。学生张大昕，一级美术师，曾任徐州市书法家协会副主席兼秘书长。师生联袂，珠联璧合，为丰德园留下一段佳话。

匾额内容创意张肖阳。

汪乐天作《丰德景八题》有“悦近清音”和“来远归泊”：

悦近清音

小园雅筑涤尘氛，鸟不知名声可闻。

细路盘桓终不倦，此间禅趣得三分。

来远归泊

忽讶临流泊巨艘，眼中仿佛起风涛。

他年或与海鸥并，信宿潮头待月高。

## 丹枫亭

如归楼南门外庭院内的一座依墙半亭。庭院内本无枫树，为此亭之命名，迁来丹枫数株，植于亭前池畔。楹联位置别出心裁采用了唐代才情突出的女诗人鱼玄机的两句诗：“门前红叶地，不扫待知音。”这一立意，使“门前”方寸之地别开生面。诗句中运用暗喻手法和象征性意象的表述，令人回味。

两句诗表达的是一位年轻女子内心的声音，坚守和期待。诗句和匾额书写者为嘉定人陆雨葭，一位富有个性和才情的年轻女教师。

设计创意张旻。

丹枫亭正对着悦近斋南墙玻璃景窗。美妙的庭院景观，隽永的古典诗意，令人赏心悦目。

## 如归楼

这是一处集休闲、娱乐、会务于一体的多功能场所，传统风格中带有一点新中式元素。室内设施的温馨感和舒适度，为不同客人打造“宾至如归”的体验。

楼名创意张旻。

## 涌泉石

此石为景观石珍品，体积大，形态完美，瘦、皱、漏、透中，如有一股清泉喷涌向上。

花岗石座基南侧两个石面上，镌刻《涌泉石诗并序》，陈兆勋撰，张波书。

在序中，作者不仅描述了这尊景观石的形态之美，“瘦皱耸峙，漏透殊姿。若泉之涌喷，浡潏而冲霄”，也阐述了此石可以给人有益的影响，“亦足以导养正性、澄莹心神者也”；不仅描述了这尊巨石自然形成的过程，“方其匿迹荒岭，埋草蒙苔，兕觝鸮止，洪虐雷灾。亿万斯年而被文明化育”，也揭秘了此石和丰德园之间的一段佳话，“有姚君者，磊落人也，慕主人德仪而不恤巨万致名物有归。是亦两君宅心淳厚、至仁高义之所系也”。

在此石背面的平面上，拟镌刻一个由封德华书写的“泉”，表现润石以泉、“清泉石上流”（王维诗句）的意象。

《涌泉石诗》云：

此地晴岚升瑞气，涌泉持直向空擎。
高标争似凝成石，静处犹闻溅玉声。

汪乐天作《丰德园景八题》有“涌泉连云”：

一峰秀出似涌泉，排荡虚空上接天。
循迹青藤攀跻处，信知鸟道有勾连。

## 雅积阁

此楼楼层之间的楼板为纯木结构，包括梁、柱、檩、椽等构件所用木材均为非洲柚木。二楼东侧的格扇门外，一座设有“美人靠”的挑空平台，类似阳台，是观赏丰德园景的佳处之一。

“雅积阁”也可称“雅集阁”，为文人雅士“雅集”“雅玩”之专属场所。然“雅积”另有一层含义，出自“雅积大伪，俗存厚德”。这一语境里的“雅”，指的是伪饰的雅，附庸风雅的雅。这样的雅，积存越多，越显其伪。反过来说，点点滴滴的小事、实事、善事，积累多了，德在其中，品格彰显。“雅积阁”，着意于“厚德”。这也合乎丰德园园名的本义。

雅积阁二楼客厅，已布置为一个收集展示嘉定地方文史资料图书的场所。孙敏为这一客厅兼展示厅书写字幅“腹有诗书气自华”。

雅积阁匾额创意张旻，杨祖柏书写。

## 量怀楼

此楼坐北朝南，门庭开阔，后门外设花岗石平台，临溪面坡，其位置和造型，令其成为园中颇具气度的一栋楼。在功能上，底楼为厅堂格局，兼具文房元素。厅堂一侧的大尺寸红木书桌，齐全的文房四宝，供到访宾客即兴挥毫泼墨之需。

楼上为一间可容纳数十人的会议室。

量怀，量是肚量，怀为胸怀。君子量涵千章，怀容四海。

“量涵千章，怀容四海”字幅为杨贤淼书写，张肖阳创意。

前门两侧悬挂由杨贤淼书写的对联“海纳百川有容乃大，壁立千仞无欲则刚”。此为林则徐的一副自勉联，园主借此自勉。“有容乃大”出自《尚书·君陈》:“有容，德乃大。”意合园名“丰德”。

## 得慧厅

结合了一些现代元素的中式宴会厅。“金砖”铺地，“琉璃”作棚。

厅堂名“得慧厅”和西侧厅进门处的匾额“明月入怀”，均为出生于嘉定的上海文史馆馆员、西泠印社社员顾振乐于2018年书写。顾振乐先生于2021年7月4日仙逝，享年106岁。

厅堂名等创意张肖阳。

## 桃李厅

位于得慧厅东侧，也称小宴会厅。得慧厅称大宴会厅。南北各设格扇门六扇，北门前有较大庭院，与量怀楼隔池相向。东墙设有一大二小三面八角形游鱼纹玻璃景窗。

厅名取之于成语“夭桃秾李”。出自《诗经》:“桃之夭夭，灼灼其华。”“何彼秾矣，华如桃李。”形容人物美好，事物兴盛。古代常用为祝颂嫁娶之词。桃李既应园林花木之景，又喻“下一代”。

桃李厅匾额“夭桃秾李”为陆雨葭书写，张旻创意。

## 月近亭

湖心修亭筑桥（曲桥），多见于苏州园林。诗文中有形容如彩带般飘逸的湖水和湖心廊亭的结构关系，犹如一只翩翩的花蝶。

由于亭子和曲桥下的荷花池常年保持较高水位，池中每每闻讯而来的锦鲤、水禽等，近在足下，触手可及，人在此处尤其能获得亲水体验。

在晴朗的月夜，眼前一弯池水，又似乎改变了月亮和亭子的距离与关系。映在亭前水中的月亮，仿佛主动到访的客人，令人遥想到孟浩然想象奇特的诗句：野旷天低树，江清月近人。

月近亭屋顶和来远舫、梅花亭一样，均为铸铜瓦楞屋面。

此亭建筑难点却在一个不起眼的细节：亭内“美人靠”椅背连接立柱的部位，为美观制成一个向内弧度，由于椅背自身还有一个向外的倾斜角度，因此这个有变化的弧度和不规则榫卯结构是极显工匠技艺的。

楹联“曲径九思风驻足，流光三戒月回眸”，张大昕撰并书。匾额创意张旻，张大昕书写。

汪乐天作《丰德园景八题》有“晏海晴波”：

一亭飘渺海当中，水气摇动四方风。
高柳垂阴成镜影，波心叠就夕阳红。

## 梅花亭

此亭为梅花形，坐落于凌寒峰上，呈现梅花之“凌寒独自开”的意境。

梅花亭在建筑工艺上堪称一绝，国内罕见。铸铜瓦楞屋面，覆斗形柚木结构顶棚，由下而上十层细密螺旋纹斗拱支撑。斗拱构件上刻有繁若星辰的梅花和游动盘旋的神龙纹饰，至穹顶构成灵动喜庆的藻井图案。

梅花亭创作构思来自明代造园奇书《园冶》中一张平面图和几句说明（见本书第六章“建筑”）。

梅花亭位于丰德园最高处，也是园中唯一可以环视园林全貌的点位。

凌寒绽放的梅花意象常被认为是人应具有的重要精神品质。梅花亭在建筑工艺上的极致追求，则堪称工匠精神的完美呈现。

梅花亭匾额及楹联“日消雪色江湖暖，风带梅香天地清”，均为龚皆兵书写，楹联作者顾建清。

汪乐天作《丰德园景八题》有“冷香泄玉”“月台望梅”：

冷香泄玉

路转峰回见小亭，近闻流水响泠泠。
主人识得梅花意，巧构天成向月庭。

月台望梅

远峰透出暗香来，信是孤山月下栽。
星露茫茫天际落，一枝闲着开未开？

## 悠然亭

绕过凌寒峰，来到洋溢着田园气息的园子北部，这儿水边有一方平台，一座茅亭，相比于园内其他建筑简陋之至，以致可以这样理解此处布置：虽然它也像是被设置了某种功能，如歇脚、垂钓等，但它更像是某种田园文化的符号，很容易令人联想到陶渊明田园诗中的某些意境，如“结庐在人境，而无车马喧。问君何能尔，心远地自偏……”

以陶渊明田园诗句中之“悠然”为名，也照应了丰德园“清风雅韵”门前砖雕影壁中“草庐”意境，而“悠然见南山”，不只是诗意的想象，也表达了园主对于心目中明天一幅美好蓝图的期待。

亭名创意张旻，匾额书写张波。

## 七星榭

这一建筑与命名和园主从小对于象棋的热爱有关。

据百度：“七星聚会”为清代四大江湖名局之一，其排序为：七星聚会、野马操田、蚯蚓降龙、千里独行。清代出版的著名棋谱几乎都刊有此局，只是局名略有差异。在象棋排局中，“七星聚会”影响大，流传广，被誉为“棋局之王”，亦名“七星同庆”“七星拱斗”“七星曜彩”。这局棋的棋图由红黑双方各七子组成，结局时又多以双方合计七子组成，所以又有“七星棋”“江湖七星”等名称。

在此残局的多种棋谱中，和局的智慧尤其显得难能可贵。

七星榭匾额由象棋大师胡荣华书写，封德华创意。

楹联“花树湖山静养适情雅趣，廊檐日月空涵韬略玄机”，顾建清撰，杨贤淼书。楹联中巧妙嵌入了两本古代棋谱名。

## 苍屏岩

丰德园有两处假山瀑布，一处为凌寒峰，另一处就是苍屏岩。凌寒峰用的是太湖石，苍屏岩用的是黄蜡石。前者秀美，后者伟岸。从凌寒峰到苍屏岩，一路穿花度柳，抚石依泉，水声潺潺，雾霭缭绕。近山亲水，是之谓也。

苍屏岩位于丰德园西北角，雅积阁和量怀楼夹角处，在设计上，它也起到了苏式园林特有的屏障作用。

“苍屏”，屏为功用，苍是风格。张旻创意。

2022 年 9 月初稿

2023 年 1 月定稿

图 4-1　前排左起：王恩荣、陶木生、王东海、过汉泉、江月新、马方胜、张旻（作者）

后排左起：张双狗、江月鹏、马五一、熊远发、沈彪、杜国华

图 4-2　叠山

图 4-3　开掘河道

图 4-4　雪柳（五谷树）乔迁

图 4-5　四面厅上梁

图 4-6　巨石落户新家，得名涌泉

附录 1

# 今人造园的尝试——丰德园概览

/ 张旻

丰德园，坐落于上海嘉定柳湖路北端，昌徐路 600 号。园主封德华，嘉定南翔人，其父曾长期担任上海五大古典园林之一南翔古猗园餐厅经理，是国家级非物质文化遗产南翔小笼馒头制作工艺第五代传承人。这样的背景和生长环境，使其从小受到江南园林文化的熏陶。怀着一份这代人少有的“园林情结”，封德华于十年前筹划造园，六年前破土奠基。去年园子落成，蔚为大观，作为造园者的封德华却始终不言“大功告成”。他常说的一句话是，造园的过程越往后走，心里越是忐忑，诚惶诚恐。园子有点像样了，他又说：“养园不比造园容易。”没有一份对古典园林文化、对中国传统文化的敬畏之心，很难会有这样的心理体验。而以敬畏之心看待传统与经典，也才会拥有真正的自信，勇于挑战，梦想超越。封德华也常说，在造园这件事上，如果我们能够沉下心来，排除杂念，拒绝浮躁，恪守精益求精的工匠精神，那么我们在向古人学习和致敬的同时，利用今天的物质技术条件，或有可能比古人做得更好。

作为一座苏式园林，丰德园在建筑形制上严格遵循古法，在讲究遮隔和对比关系的传统造园艺术中，完美体现“壶中天地”

的理念。

另一方面，作为今人造园，丰德园确实又在一些方面做到有所创新和超越，体现了今人造园的独特性。

首先在选材和做工上。古代造园家由于受到当时社会客观条件的限制，特别是在造园主要用材木材的选用上，一般只能就地取材，在造园的技术手段上也比较单一。这两方面，正是今人之所长。

丰德园使用的木材来自非洲，俗称非洲红木，主要有中文名为非洲红花梨、非洲柚木两种。这类木材纹理丰富、油性足、稳定性好，用于造园，美观度提升，又耐日晒雨淋。但它硬度高，用传统单一的技术手段处理难度较大，而今天的新技术和传统工艺的结合就有了用武之地。丰德园多数木料的雕刻部分，采用机器雕刻和手工雕刻相结合，这种工艺的结合不仅节省了人力成本，而且它在做到手工难以做到的标准化的同时，也保留了手雕特有的细腻和韵味，特别适用于大件的，或者数量较多而“一致性”要求比较高的雕刻图案。

其次，丰德园的独特性体现于对古典园林在今天的功能定位的认识上。考察一下今天的社会情况不难发现，今天的园林的功能定位难以简单复制古代模式，而应该有所变化。客观原因一是古代的私家园林主要供家庭、家族成员居住生活，今天这个条件已不具备，不仅今天的家庭人口大为减少，而且子女成婚后一般都会离开父母单独居住。二是今天的社会交通便捷、信息发达，人们一般更愿意也很容易体验不同的人生、不同的生活，而只是将园林作为一种度假的选择。今天的私家园林要生存下去并有一个可持续的发展，就不能自我封闭起来，应该对社会有一个适当的开放度，为此必须建立一种合适的运行模式。

丰德园以荷花池、四面厅（荣泉堂）和位于凌寒峰的梅花亭为中心，大致分为三个区域：生活起居区、山水景观区和功能活动区。三个区域隔而不断，互为景致，蔚为大观。功能区的量怀楼、雅积阁、桃李厅、悦近斋、来远舫、静忆轩、如归楼等，是文人雅集等各类聚会活动的理想场所，而与园子相连又相对独立的宽敞的得慧厅，则可以接待数量较多的宾客。

为了体现功能特色，造园者在某些建筑的古典风格中融入了一些令人赏心悦目的现代元素。同时，在丰德园的对面，还营造了一个民俗风格朴野趣味的茶园松茗园。另有其他一些功能性设施正在谋划和筹建中。

丰德园在建筑上颇见功夫的还有铺地。她的建造者早就注意到，园林铺地不是一件简单活儿，许多园林中常见的“花街铺地”，普遍存在质量问题，如材质松动，出现“爆石”现象等。为此封德华带领他的团队走访了多个江南名园，找到了问题所在和解决办法。如今丰德园的铺地已使用两年多，没有出现任何上述现象。

在丰德园的建筑中，最能代表她的工艺水准的是建于荷花池北岸凌寒峰上的梅花亭。此亭的顶棚为柚木铸铜覆斗形状，榫卯结构，多层细密斗拱支撑。螺旋形的斗拱构件上雕有神龙盘旋和繁若星辰的梅花纹样，至穹顶构成灵动喜庆的藻井图案。据有关专家称，如此用料考究、做工精良、结构复杂、纹饰美观的梅花亭，在国内罕见。

作为今人造园，丰德园内特别值得一提的，还包括她所使用的条石，用于铺地的、做围栏的、架桥的，大都是有年代的老料，是封德华多年间从各处收集得来。梅花亭下有一座石桥，桥身侧面有原先桥主的刻字，之前有人提出把原刻字磨掉，改刻新园内容，封德华经考虑后接受了另一种意见，保留原刻字。丰德园里的这些条石，还有那些有年头的珍稀的树，一棵本地少见的雪柳（俗称五谷树），一棵三百年树龄的黄杨，一棵品相上乘、姿态优雅的大阪松等，还有室内的一些老物件、老家具等，都是有来历、有故事的。这些不可改变的内容在得到园主善待和敬重的同时，也带给园子独一无二的内涵和气象。

说到那棵大阪松，它在园子里所处的位置，也反映了造园者的匠心和创意。进入丰德园内门，对面是一道传统风格的粉墙，起到隔景作用。通常配合粉墙造景的有“粉墙竹影”“粉墙花影”“粉墙芭蕉”等。造园者在这儿作了一点改变。

粉墙上被开出一道横窗，在保留粉墙隔景作用的同时，又不拘一格运用了“漏景”之法，令粉墙背面的竹林略有呈现，如一幅展开的画卷。此景应了陆游《冬夜吟》中的诗句：

“昨夜凝霜皎如月，碧瓦鳞鳞冻将裂。今夜明月却如霜，竹影横窗更清绝。”

那棵姿态优雅的大阪松就位于粉墙一侧，仿如被请来赋予“迎客”之职。“粉墙松影”，意味深长。

丰德园水系处理、四季景观植物的配置、灌木乔木的搭配等，由于有了今天的条件，都能做出理想效果，为古人所不能为。

在笔者对封德华的采访中，谈到造园体会，他特别强调，丰德园在营造模式上也有“创新”，不过这种创新却恰恰是放弃了今天通用的项目承包方式，回归到传统的自备建筑材料和“点工”“上门工”等模式。这种模式使造园者能够对工程进行全程掌控。同时为保证这一模式高效率、高质量运行，封德华从苏州诚聘江南古建筑技艺代表性传承人、全国技术能手、江苏省首届突出贡献高级技师过汉泉，担任造园项目总监。同时适度放宽项目工期，不赶任务，保证质量，在每一个环节上精雕细琢、精益求精。封德华认为，采用这一营造模式，是丰德园能有今天的面貌出现的关键。

江南古典园林，之所以常被誉为中国对世界建筑最具特色的贡献，除了建筑本身的独特性之外，就是因为它和中国传统文化有深厚的结合，园林语言包含了丰富的中国哲学和审美的内涵。

丰德园在完成建筑工程后，经常会有热心的朋友在软件配置、文化建设等方面给园主出主意，有的说，应该联系媒体多加宣传，有的说，应该多搞活动，邀请诗人文学家为园子写诗作文。也不乏指名道姓的建议：应该抓紧邀请某某大师为园子题字作画，留下墨宝。

造园者的想法是，文化建设具有自身的独特性，并不是做一个项目预算、制定一个行动计划就可以如期达成，而是需要长期的沉淀和积累。园林史中的每一个实例都体现了这样的规律。

何况，作为一座古典风格的园林，她本身就是一种有意味的形式，是富有艺术性的创作，其中不乏如画的风景、如诗的意境、如歌的旋律。

丰德园在这方面倾向于三个坚持：一是有期待，不着急，慢慢来；二是文化建设不是单方面的，需要有“山高水长知音难觅”般的精神互动和互赏，要讲一点缘分；三是文化建设一定要有自己的理念，要有自主独立的原创。匠心为之，存自然之韵。

嘉定素有丰厚的园林文化，在上海五大古典园林中，嘉定幸有其二。丰德园之问世，既是今日造园者梦想成真，亦为一方文脉之延续。

2019 年 11 月 5 日

《中国建筑文化遗产》28 期，天津大学出版社 2021 年

附录 2

# 山高水长话茶缘——走进松茗园

/ 张旻

松茗园，坐落于上海嘉定柳湖路北端，昌徐路 600 号。以“松茗”为园名，取意于园内以大阪松、罗汉松、黑松等为主要景观植物，“松茗”本身也是一种中国茶叶的名称，此处可作为茶的代称。松茗园以乡村田野风格为主调，乍看泥墙茅顶，土味十足，细观则又不难从中感受到一种“源于自然的艺术”，体味到造园者特别的用心和匠意。

松茗园的主体建筑为四间茅屋，由南而北，撷取了中国农历十二个月份雅称中的四个分别加以命名：子春、鸣蜩、莺时、槐序。

茅屋的建筑用料其实十分考究，实木结构，仿古格子移门，门前台阶及园内铺地、垒墙使用的条石块石，均为有年头的老料。室内布置古朴而多有村野元素。所有的几案桌椅及摆设等，都是园主从各处觅得的老物件，以经典的榉木和榆木老家具为主，以混搭的方式营造出一种独特的“家居文化”氛围，意在唤起人们意识深处的记忆和认同感。分别悬挂于“子春”和“鸣蜩”室内的两块匾额，“山高水长”“春风满座”，更是包浆满满，其寓意也颇为应景。

茅屋的四面溪流环绕，水声潺潺。每间茶室后面都有一个挑空的木结构露台，下临溪流，面向对岸的弘根园、心形草坪以及与溪流贯通的柳湖中心池塘。松茗园三面布有石墙松竹，特意留出西侧向一个更大的空间延伸。池塘里游弋的、空中盘桓的，以及每当傍晚远处树梢上的余晖等，将人的目光拉得更长，引向更远。

松茗园东南角入口处后又增设了四间别致的小石屋，同样以农历月份雅称命名：绀香、蒲月、南宫、葭月。

堪称为松茗园的另一点睛之笔，是在园子的北端，与“槐序”相隔一道石径处，有一座钢架结构的玻璃屋。此屋出现在松茗园里，作为风格迥异的另一间茶室，乍看不无突兀处，却是设计者颇为自得的“神来之笔”。它偏于一隅，在距离上并不打扰到茶园的主体部分，但它又是不容忽视的一个存在，它以简洁而极端的方式，令主体部分的风格不至于单调僵硬，或者说这样的另类设计是专为某一种因为经典而难免于自我封闭的风格而作。从这个意义上说，这个玻璃屋出现在松茗园也可以令人感到赏心悦目。

有意思的是，当园中的茅屋和石屋各以不同的农历月份的雅称命名时，这座更为贴近四季变化的玻璃屋，由此显出一笔点睛之意。这似乎是它们之间的缘分所在。如今它已得名“延秋阁”，与主景区的“领春亭”取得了呼应。

松茗园是一件富有设计理念、风格独特的茶园作品。它堪称城市中的一片净土。甚至还曾有人在这里“莫名”联想到王维诗词中的“辋川”奇境：空山新雨后，天气晚来秋。明月松间照，清泉石上流。

同时它又毗邻丰德园。两座园子彼此独立，在园林语言上又相互照应。如果说，作为一座古典风格的苏式园林，丰德园代表的是园林文化中的“阳春白雪”，那么毋庸置疑，松茗园则应是这个语境里的“下里巴人”。

忽然想到“子春”室内悬挂的匾额“山高水长”，此时又觉得，它在某种意蕴上其实非常适合用于表述这两座园子之间的关系。

2019 年 12 月

2022 年 3 月修订

下篇

# 丰德园视点

## 题记

丰德园的出现，在勾起我对四十多年前的中学校园梦幻般的记忆中，也令我在另一层面上看到了过往人生和经历中的更多景象。在自己之前许多虚构作品中被虚化、淡化的背景、环境，那个八百年来客观存在又必然反映在主观描述中的城，我似乎也蓦然在个人经验里“客观地”瞥见了它。在过去一年多里，我持续不断地进行不同以往的写作尝试，包括一次次出门寻旧访故。我眼前也出现了一些意想之外，甚至仿佛从没存在过的东西——我指的是那些显眼的、应该不会被视而不见的存在。每次寻访，看到越多，仿佛离“现实”越远。凝眸、触摸、倾听、回味。回望的目光越拉越长。笔下有了秋霞圃、汇龙潭、古猗园、州桥、一条街、六一新村、老城区等。在《画之媒》里，以画为媒，丰德园的砖雕影壁将她与时空上相隔遥远的安师勾连结缘，“记忆”扑面而来。从中还衍生出从安师的“弗拉基米尔之路”走出来的美术教师和嘉定档案馆之间的一段佳话——画之媒，也是园之媒。

——《丰德园营造面面观》

## 秋霞圃

前几天一个下午，我独自去了趟秋霞圃。距我上次去见她，大约有一年了。那次我是陪萧萍和谢锦去游园，当我在秋霞圃里告诉她们，这儿曾经作过学校，桃花潭北的碧梧轩曾是我们的音乐教室，谢锦就说，你应该写一部小说，肯定有好故事。猝不及防似的，这话拨动了我的心弦。其实，在我过去的作品中，并没少写这儿的事，有虚构，也有纪实。我对谢锦建议的反应，仿佛忽然间发现自己错过什么似的。

错过什么呢？我之前一直觉得对这儿太熟悉，就是因为我不仅经历过她，还“写过她”。对一个作家来说，处置一段难以忘怀的记忆的方式，就是将它诉诸笔端。秋霞圃仿佛早已成为我的“个人收藏”，偶尔翻开它，多半不为自己，只为示之于人。

这回是我自中学毕业后，四十五年来第一次独自进入秋霞圃。如今的秋霞圃，由南大门里面的城隍庙、庙宇后面的沈氏园、北端的金氏园和西侧的龚氏园四部分融合而成。在我上中学时，南大门这边是高中部的一栋楼房，教师办公室也在楼里。城隍庙的大殿是学校的体育教室兼校乒乓球队的训练场所。沈氏园是初中部所在地，庭院中央一组假山，当年也在，后来才知道，其中有一尊竟是距今三百多年被传为神物的嘉定名石“米汁囊”。龚氏园当年山枯河干，记得只有一间屋子，对它印象极深，因为它是学校的音乐教室，也是校文艺宣传队的排练场所。金氏园变化最大，当年只是学校的一片操场。

以往我偶尔陪朋友去秋霞圃，虽然里面的变化如此明显，但我似乎总是对变化视而不见，我对朋友的解说也总是这么开场：这儿原来是什么什么，似乎希望朋友也无须过多关注眼前的“现象”。事实上，所谓的“原来”，也就是秋霞圃历史中的某一段，且只是与我个人经历相关而已。

这天，偌大的园子里游客寥寥，特别适合特定心境下的游园。我顺着城隍庙、沈氏园、龚氏园、金氏园的线路，依次游览，在园内逗留半天，最后从园子东侧林荫道出园。这一回我的观感颇不寻常：原来我自己对“原来”的记忆也并不那么靠谱。像“米汁囊”这样有名的原物，在我的感觉上更像是后来“长”出来的；我也完全不记得有过那棵如今已有约 270 年树龄的古榉树。它们似乎都因环境秩序的改变而难以相认。

我聊以自慰地想，正如许多有生命的事物吧，她们虽曾被经历，但并不容易被描述和诠释。更何况自己面前是一座有年头的古典园林。据志书记载，在七十年代，即我上中学时期，秋霞圃原址已只剩下一个干涸的池塘、几座光秃秃的假山和一些树木。如前所述，这个园子在当年也已改名更姓，挪作他用——我记忆中原本就没有“秋霞圃”。今天的秋霞圃是经过重修的，然而人们又并不会这么看她，仿佛她自身的元气从未消散，这使她重现奇观。

对于江南园林，我们最常会有的体悟是：讲究遮隔艺术的她，若“犹抱琵琶半遮面”，更容易令人心驰神往。曲径通幽，移步换景，眼前总有各种美妙。那天游客稀少，我特别注意到，身边出现的人影，几乎都像我一样呈现出一种“梦游”状态，寻寻觅觅，东张西望。园内每一处建筑的墙上都设有标牌，屋子里也大都悬挂着匾额楹联，然而这些似乎很少会成为游客旨在关注的对象。有的屋子里空空如也，游客进入后也像在找什么，对屋内唯一的“内容”却视若无睹。

这就是像秋霞圃这样有来历的江南古典名园的魅力所在吧。在她的园林语言中，虚实、明暗、收放、开阖、曲直、高低、大小等种种对比关系，表达着中国古代传统审美理念，平衡、无为、含蓄。她是现实，又如梦幻；有山有水，又非真似假；是家园，又宛然物外。回廊曲径、水榭角亭，不显贵气、霸气，传达的是文气、人气；花径小道、山石屏障，没有让你望而却步，而是引人入胜。这里并无令你肃然景仰的巍峨至尊，然而峰回路转，抚石依泉，处处是赏心悦目。空空的屋子，或也可以使你若有所获；标牌说明、匾额楹联，可以形同虚设。一种建筑的形制，如此纯净、独立而富有意味，如诗如画，无声胜有声，称之为中外建筑百花园中的一朵奇葩，恐不为过。

传统的江南园林，过去多为私家所造，秋霞圃也不例外。她的问世就像婴儿的诞生，身世和故事与生俱来。另一方面，慕名而至的游客，通常也都戴着有色镜，各自怀揣着心目中关于园林的各色人物和剧情。在这个点上，古典园林和游客之间很容易产生互动……

我不由得想到距秋霞圃西北方向数公里处，有一座今人营造的苏式园林，丰德园。我们现在常说，嘉定素有丰厚的园林文化，其依据是在上海现存五座古典园林中，嘉定幸有其二。丰德园的问世，倒是可以为这种说法添砖加瓦。在秋霞圃、汇龙潭、古猗园等本地古典园林和丰德园之间，某种时空转换的感觉显得尤为奇妙：既有由古入今的现世感，也会有昨日再现的梦幻感。这岂不是家乡的园林文化在今天堪称“丰厚”之处。

解放日报朝花副刊 2021 年 6 月 3 日

# 汇龙潭

在我中学毕业前，嘉定城和现在大不同，不要说护城河外，就是在城内，也是村庄和田野所占的面积居多。我家住六一新村，窗外就是“新农村”，就是“郊野公园”，城乡融合无界线。除了这样的天然乐园，城里没有可称之为公园的场所。后来重修的秋霞圃，当年曾是城区一中所在地。孔庙前的汇龙潭原址，只有一个池塘、一座石头山（俗称水泥山）。

石头山虽不高，却是城里唯一，半山腰还有一个山洞，它便成了我们小时候最爱玩耍的地方。我们总是奔跑着经过东边的万寿桥，由那儿沿石道穿过山洞登上山顶，下山则是从东侧的石道跳跃而下，落脚在潭边。在我成年前，这座石头山是我唯一关于山的体验，虽然后来我去过许多名川大山，但关于石头山的体验，不仅没有被抹去，反而因此更显出了它的不可比性。这一份由当年无数次貌似单调重复的攀爬形成的体验，实实在在积淀了那个年龄的孩子生命和成长中一些特别的东西。石头山山体不高且不复杂，垒山的石头我们也早已见怪不怪，然而即使你已和她亲密接触，对她了如指掌，依然会觉得她有什么“深藏不露”，内心始终会保持着一份敏感。如果是我一个人登临山顶，我甚至还会不由得自觉唐突似的。就“登高望远”而论，我似乎总是浅尝辄止。

每回我还都会相信自己心里牵挂着石头山下一棵老枫杨树，它的树龄早已超过百岁，长在潭边，粗壮的树身在根部分杈，一枝呈零度角伸向潭中，枝繁叶茂盖住一片水域。经常有胆大的孩子，从树根部位爬上去，在树干上直立行走，一直走到树梢。这一行为当然存在失足成千古恨的风险。对此我曾暗自谋划，我可以在没人时自己尝试一下。当我一个人在那儿时，我的确曾跃跃欲试，但末了总未跨出那一步。当然，当年种种见不得人的情状，在今天不妨被理解为“风险意识”，值得为此感到庆幸。

一个人在成年前的一些行为和想法，在心理反应上往往都会具有某种相似的“历险”色彩，似乎山不只是一座山，树也不只是一棵树。

1976 年我中学毕业后，县、市两级政府拨款对孔庙前这片区域进行修复改造，由此延伸扩建了汇龙潭公园。这时我才了解到，原来那个池塘本有名字，就叫汇龙潭。石头山也本有名字，叫应奎山。古时这儿有横沥河、新渠、野奴浜、唐家浜、南杨树浜五条河流交汇，由此得名。应奎山坐落潭中，便有五龙抱珠之雅称。1928 年这儿曾辟建奎山公园，它应该是嘉定第一座公园。当时在汇龙潭的东南岸，还有一座在清代即被称为疁庠八景之一的魁星阁。且听一听这八景美妙的名称：殿廷乔柏、黉序疏梅、丈石凝晖、双桐揽照、启震虹梁、聚奎穹阁、映奎山色、汇龙潭影。后三景指的就是魁星阁、应奎山和汇龙潭。她们曾经都不仅有名有姓，且各具引人瞩目的“身份”和意味深长的故事。

不消说，了解到这些，我不由得就会回头去想，当年在我对登临石头山的不倦的热情中，内心隐隐所怀的莫名的“冒犯”之虑，如今是否可以得到解释？包括对那棵长相奇特的枫杨古树留下的遗憾，似乎也可以释然矣。

在1976年开始的修复改造工程中，同时揭开面纱的，还有孔庙棂星门前连接育才、仰高、兴贤三座牌坊的石栏杆望柱头上的七十二座小石狮子，以及仰高牌坊前的两座大石狮子。在之前的数年间，它们曾被有胆有识之士用特制的套子套封保护起来。

这些年每回经过南大街，都能看到汇龙潭。步行走过，有时也会稍作停留，到潭边去“眺望”一阵。潭的对面就是修复后的应奎山和魁星阁。自建了公园后，对她们虽轻易“不可即”，但依然“可望”。

前些天，我又走过那儿，忽然起念要进去看看她们，就找到售票处买了张票。

进入园中，即有久违之感。对于上一次入园，却又毫无印象。似乎应了这种不寻常的感觉，甫一进门，我就在南草坪的“打唱台”上邂逅一位久违的小学同学。不知为什么，我脱口而出：“巧了。”小学同学一笑回答：“我天天在这儿。”

小学同学自称天天在的这座“打唱台”，非常有名，它又叫百鸟朝阳台，有一百多年历史，1976年从闸北原钱业会馆迁移至此。它在工艺上堪称一绝的是顶棚藻井的构造：层层斗拱相迭，螺旋形盘升，穹隆顶下，数百只小鸟朝阳飞翔。

我本来只是想去看看石头山，因为遇到在“打唱台”上排练节目的小学同学，便在那儿逗留了一会儿，因此还想到去看看南草坪东侧碧荷池畔的花岗石井亭。在井亭那儿，我不觉有些“流连忘返”。

井亭的历史更早，始建于明正德年间，原址在城厢镇至娄塘的古道旁，当时的用途是供路人解渴歇脚。1977 年迁建于此。就它的使用价值而言，今天我们可能会有点不理解，它何以要造得如此讲究。此井亭为全花岗石结构，石柱石梁之间榫卯相合，屋顶为中国传统建筑中规格仅次于庑殿顶的歇山顶，四翅角，正脊中央设石雕三座，中为石葫芦，两侧为石鸡报晓。井亭石材上还有不少刻字，如井栏上刻有“义泉”，四根石柱上刻有楹联两对，西侧石梁上刻有“井亭”等。

自我解释，由于近年来对古建筑的兴趣，这座记忆中的井亭，那天却有点令我刮目相看，许多细节仿佛第一次注意到似的吸引了我。我甚至觉得，它不是比“打唱台”有意思得多吗？而当年那位造亭者，又是个什么样的人？我不由得揣摩，首先他一定是一位做任何事都有高标准的人，其次他是一位有品位的人。因此，这座就其实用性而言普通平凡的井亭，却蕴含了中国古建筑在今天值得倍加珍惜的几个重要元素：一是它的自然材质，耐用经看，经得起风侵雨蚀岁月磨砺；二是做工讲究；三是富含文化和艺术的内容。这三条综合起来，或可体现于它的井栏，其圈顶部位已成墨玉状，色重质腻，赏心悦目。

我曾读过古人的一些园记，大都是铺陈园主的志向心得，极少有关于工匠的记载。由眼前的这座井亭，我不由得也想到了自己正尝试要写的《丰德园》。那些身怀绝技、创造奇观的匠人，值得在专门的建筑记中占有一席之地。而这其实也正是今天有见识的造园者所主张的。

最后，我还是按原计划登临了石头山。她的变化同样令我刮目相看。原本山头无亭，1979 年建了四宜亭，后来改造为三层高的状元钟楼。就我个人的内心体验而言，石头山原来不只是一座山，如今它似乎更像是一座“山”了。

解放日报朝花副刊 2021 年 10 月 31 日

# 古猗园

我上中学时，并不知道自己脚下的城区一中校园是始建于明代的秋霞圃旧址。只知道有个古猗园，也已改名叫南翔公园。我的学生时代身边人事充满不确定性，或被遮蔽，或被忽略，或被改造。人的“面貌”同样变幻莫测。1967 年易名后开放的古猗园，更像是一座小型动物园，或是一个带园子的餐厅。但在当年它足够吸引小孩子。我印象中小时候的古猗园很遥远，要说遥不可及，不切实际，却不为过。在我们这一辈人曾经的“少年壮志”中，多的是“志在四方”，这恐怕也和我们在现实中匮乏“远足”有关。过年放假父母能带我们出门走走亲戚，已是一年中的大事。即使曾经习以为常，如今心里也还是难免会冒出这样的疑问：父母当年为啥从未带我们去过古猗园？今天如果拿这样的问题去问我九四高龄仍思维清晰的母亲，她的回答一定不假思索：你又瞎说，我带你们去过的。不论我和母亲谁对谁错，这一问答足以让我感悟到，世事变迁对于人的记忆所能产生的影响。

其实，我们这一辈从小不和父母玩，彼此各顾各。我印象中第一次去古猗园，是参加学校一次活动，时间在古猗园更名南翔公园重新开放后。老师提醒我们，这是一次爱国主义教育活动，但在我们心里还是将它当作一次“春游”。结果，我们当然记住了“缺角志耻”，但印象更深的是熊山猴馆。和后来由熊山改造为龟山的山名相比，熊山名副其实：山坑里确有几头黑熊。前些天，我还碰巧读到一篇同龄人写的春游回忆录，其中有学生在古猗园猴馆前拿自带干粮喂猴子的情节，我深以为疑。那个年代的干粮，虽充其量是一只鸡蛋面包、一只煮鸡蛋，但都不是平日易得。一些家里条件差的同学，带的“干粮”可能还是隔夜剩饭。因此在我印象中，小时候对“春游”的期待，其中就有很大成分和对干粮的期待有关。能忍到老师下开饭令再摸书包动干粮，可不是为了和猴子分享。我们逗猴子的方式，我愿意在此反省，通常不会像今天的孩子那么友善，我们会背过身把泥巴等杂物包在尚留余香的面包纸里，扔给猴子，就等着看猴子上当的表情。古猗园里还有漂亮的孔雀，我因听说孔雀开屏更漂亮，就非常期待能看到孔雀开屏，但未能如愿，不必说，我们会假装把原因归咎于女同学不够漂亮，事实上，当年的女同学只是衣着单调而已。

印象中第二次去古猗园，应该是在十七八岁，中学刚毕业。那是一次像样的春游，和几个同学，其中一人还带了相机。今天我的相片盒里还保存着一张当年的照片：我坐在戏鹅池畔一块半浸在水里的石头上，背景是不系舟。由于照片上的我那一刻发型古怪、表情谐谑，这一形象事后长久留在了记忆里。不过那次游园的现场印象，记忆至深的得数园子里那家餐厅。那时我们口袋里已有零钱，午餐可以去餐厅了。对，我就是想说一下，那是我第一次吃小笼馒头，且又是在制作小笼馒头口碑最佳的店里。我今天仍保留着对南翔小笼馒头的好胃口，每当品尝它时，那满口汤汁和肉馅，还总会令我记起，这份口感对当年的孩子来说，不只是味觉的满足，更有情绪上的惊喜。

古猗园于 1977 年恢复原名。八十年代，园内老建筑得到全面修复，扩建了青清园。动物迁居他处，餐厅搬至园外。这些年我造访过古猗园多次，不过可能因为多半是参加活动或陪同朋友等，而自己内心又还停留在曾经的印象里，所以对它改变过的样子总还没有熟识起来。近日我偕妻专程去了一趟古猗园，心无旁骛游园半日，结果却有意外所得：与其说我此行弥补了对古猗园的认知，不如说我发现，自己所谓“曾经的印象”，其实又何尝就是古猗园曾经的样子。且不说那些幸存的古迹文物，如唐代石经幢、宋代石塔等，就说园子里满目的老树，在我“曾经的印象”里有多少？三角枫、五台桔、七叶树、悬铃木、落羽杉、龙柏、银杏、香樟、枫杨、石榴、紫薇等，大都已百岁高寿。曲香廊北侧一株重瓣红牡丹，出生于清同治年间（1862—1875），如今依然颇具“国色芳姿”。逸野堂前更有一棵树龄和园龄相当、年近五百的古盘槐。相传当年原有两棵，树下石碑用中英文刻载了一段惊心动魄的传奇。不论事实是什么，幸存的这棵，原地长到今天也已成为传奇。它定位了逸野堂，定位了古猗园。方寸之地，宅气未散。而自从四五十年前一群孩子从它身旁漠然走过，在它的定位图里，也有了我的懵懂、无知和浅陋。

这次我在逸野堂前还注意到，堂外柱子上挂着一对我曾经的长辈邻居鞠国栋先生撰书的楹联。查百度及古猗园公开资料，均读为：径幽峰秀古槐送爽超凡境，露冷云闲金桂飘香胜月宫。我对“胜”字存疑。请教大方之家，证实鞠国栋先生书体原文为草书“疑”。

近年我曾两次拜访醉菊博物馆，在鞠国栋先生身后留下的大量珍贵文史资料里，显示其生平和古猗园多有交集。今日在古猗园逸野堂前，以此方式和鞠先生不期而遇，于我更觉不寻常。

我们在古猗园餐厅用午餐，少不了会要一笼热腾腾的小笼馒头。南翔小笼馒头制作技艺已于2014年入选国家级非遗名录，而同时被确定为该非遗项目第五代传承人的，正是当年古猗园餐厅的经营者。又何曾想，近半个世纪来，不仅“南翔公园”云开雾散重现古猗园500年风貌，而且在素有园林文化传统的嘉定，今人造园的故事中，佼佼者如丰德园，亦与古猗园有不解之缘。

南翔报 2022年1月10日

“上海嘉定”公众号 2022年1月9日（图文版）

## 州桥

上世纪六十年代初，母亲带着我们兄弟俩举家从市区搬到北郊嘉定，和之前已下放嘉定的父亲团聚。那时我两岁，弟弟出生不久。对搬到嘉定后的最初住处我们兄弟俩均无记忆，只是后来听母亲讲过。近日我曾专程去探访过一回，似乎怕它已不在。它的位置在嘉定州桥南侧，法华塔下，沿街店铺后面，一座1949年后政府盖的封闭式住宅，长方形墙院里前后三排瓦房，每排八个单元，东西各有一道院门。那天，我除了围绕围墙转了几圈，临走前还忽然做了一件并无预设的事，即选择从其中一个院落"穿堂而过"。我注意到院内有几双眼睛盯着我看。我了解自己为什么要这么做吗？我心里的感觉似乎是，虽是徒劳，却也并非多此一举。

人很容易做出这样的事吧，似乎以某种"行为仪式"可以留住什么，由此就不怕它"不在"。这所我曾住过的旧墙院住宅，已是州桥地区仅剩的几处几无动过的老房子，斑驳破损的木窗也还在。另有一处也在州桥南，桥堍西侧傍着练祁河的栅口弄。有意思的是，我也曾住过栅口弄，时间在1968年前后。那时我家早已搬到六一新村，母亲因工作繁重，不得已把我们兄弟俩寄养在栅口弄一户人家。我们在那儿住了有一年。后来，父母亲均因某种原因不在家，十岁的我和九岁的弟弟反倒自己回家开始了独立生活。在此后很长一段时间里，栅口弄在我心里始终有不一样的感觉。这条弄堂却似乎也因此被“封存”在那段记忆里，常在回眸中。

某一日，我忽然惊诧于栅口弄已成为一条古董旧货街。当我想要去辨认它时，我发现，我已不怎么认得它。我甚至无法确认曾经住过的屋子。弄堂里曾有一间公用堂屋，今天看起来又窄又暗。我记忆中的样子是什么呢？如果我能画画，恐怕多半也只能“抄袭现实”。我的记忆并不关乎这些，更不关乎所谓的建筑和文化。

在我温暖的记忆里，我很容易想到的总是和照顾我们的那位妈妈有关，弄堂里的人都叫她阿芹阿姨。她做给我们吃的第一顿饭是霉干菜烧肉，太好吃了，至今记得。那时我偶尔还会尿床，阿芹阿姨发现后不会声张，悄悄把床单换掉。阿芹阿姨是一位没读过书的家庭妇女，她的善良、宽厚、谦让、体贴等等，说源于天性十分恰当。她有一个长我两岁的女儿，在我印象中也相当和气。我长大后从未专程去看望过阿芹阿姨母女，今天忽又想到她们，不禁惊诧于时光飞逝和自己的迟钝。

在本地人口头上，州桥有两个概念。其一是指法华塔下跨过练祁河的古石桥，本名登龙桥，元代嘉定由县升州，州府衙门在桥的北面偏西（大致位置在今天的登龙广场），此桥即又习称州桥。其二是指“州桥头”这片区域，古代为嘉定城中心：纵横贯穿城区的横沥河和练祁河的十字交汇点，东、西、南、北四方大街会合处，大致也处在古护城河、今称环城河的圆心。

我小时候和父亲相处不多，留下的记忆和州桥有关的却不少。那个年月父亲不常在家，可能在他感觉上，儿子不知怎么就长大起来了，他并不习惯自己的角色，却更适应和我们没大没小的关系。

我印象中小时候几无受过父亲训斥，却也没有被父亲抱过或牵着手的记忆，以致唯有的一个夏夜，蚊子和炎热令我睡不着而吵闹起来，父亲在我旁边为我摇蒲扇，这一幕似乎一直在我心里被过度铭记。与父亲关系的特别之处就在于，和他不多的相处中，简直没有不愉快的事，且还常有所得。比如父亲每次回家，都会派我去州桥头那家杂品什货店零拷二两烧酒,2 角 2 分,父亲会另给我 5 分“脚步钿”。杂货店对街的新华书店，父亲回家总会带我去逛逛，给我买一本小人书。不仅我的阅读由此开始，积攒的小人书似乎也开始令我与众不同。

由登龙桥向西至永安太平桥，察院弄拐角处有一间带天井的小屋，住着一位擅长下象棋的孤身老人，同样酷爱象棋且水平不俗的父亲也曾带我去过多次。值得一提的是，在这项爱好上我竟丝毫未受父亲影响，当父亲在老人小屋里为棋局忘了时间时，我的注意力则在天井里。老人养了几只麻雀，我惊奇地看到它们在天井里叽喳嬉耍，时或还从打开的木窗户飞进飞出。这是多么匪夷所思的景象。事实上，当年也曾有人问父亲，有没有打算教孩子下棋，父亲回答不教。另一方面，父亲在家时常被母亲差去菜场买菜，当年的菜场也在州桥头，父亲也总叫上我，却不是要我拎菜篮子，似乎只为有个伴儿。在买任何一样菜品时父亲还都会征求一下我的意见。父亲当年的这种“不教”和不使唤，却是他曾实际给到我的最有价值的影响。

上述几处州桥头的所在，如今大都已找不到。曾经我也会因此对今天的州桥产生失望，觉得它似乎不该是这个样子。州桥该是何种样子呢？我曾经以为，它该是我小时候的样子。后来我也有所了解，自己小时候走惯的桥面为缓平坡的登龙桥，其实是 1942 年后出现的，1988 年改造为石级桥面，许多人对它颇不待见，这却正是登龙桥原先的老样子。面对 1996 年大修并复古后的法华塔，我的眼前也还一直有一座塔身倾斜、许多部位为钢筋水泥结构的“老的法华塔”，挥之不去。自宋代建县以来，州桥历经变迁，饱受沧桑，每一代人收藏着对它的记忆，其实不如说更多是关于个体生命和成长的记忆。如前所述，在近日我对上述那所自己似乎觉得理应记住的老房子梦游般的探访中，我内心真实的感触是，某种陌生是无法改变的。而在栅口弄，不论我是否还认得它，不论它在与不在，在我心里，它始终还在那儿。

解放日报朝花副刊 2022 年 4 月 3 日

# 一条街

近日因故足不出户，闲不住的心灵开启了另一种行走。我去了“一条街”。年轻一代不太知道嘉定城中的“一条街”，它曾经和“州桥头”一样家喻户晓。“一条街”是本地人口头上约定俗成的称谓，位置在城中路从清河路至梅园路、温宿路之间这一段。在我记事时，“一条街”已是嘉定城中另一个中心，和州桥相比同样有着自己鲜明的时代特征。1958年嘉定被命名为“上海科学卫星城”，此后多家科研院所落户嘉定，作为配套设施的商业住宅“一条街”应运而生。

在“一条街”出现之前，嘉定城中规模最大的商店，得数州桥北桥堍老街上的州桥商场和州桥杂货店。前者为一间两百来平米的大堂式铺子，经营四季服装和日用品；后者则由七间铺面沿街连缀而成，经营南北杂品什货，有腌货、炒货、干货、茶叶、烟酒、酱菜、调料、糕饼、糖果等。

城中规模最大的饭店，也得数位于州桥老街上、和杂货店对街的州桥饭店。那年头什么样的人、在什么情况下会上馆子，除了早市，我还真答不上来。我印象中两层楼的州桥饭店，也就像是一家早市面馆吧，讲究的大致就是面的浇头。八宝鸭、水晶虾仁、松子桂鱼等菜品想必在饭店的菜单上也会有，如同对面杂货店的烟酒货架上，也曾好长时间摆着一瓶标价四元、无人问津的茅台酒。记忆中至真至深的内容，则总是和个人的日常生活及关注点相关，比如父亲在家时每天要喝的散装白酒，或俗称“小炮仗”的土烧，比如杂货店曾卖过的伊拉克蜜枣，饭店门边点心摊的大饼油条、油墩子、萝卜丝饼、猪油豆沙方糕、马桶糕等。

“一条街”则包含了对嘉定来说最新潮的百货商店和“大饭店”。嘉宾饭店、萃华百货、稻香食品，沿街布局，配以新颖的橱窗设置，形成了当时嘉定城中的商业中心。从萃华百货南端的绸布店进入，至稻香食品北端的水果南货店出去，在长龙般的店内可以逛上小半天。那年月逛商店还是一项比较适合孩子的休闲活动，不仅店内顾客不多，国营商店营业员还都比较“矜持”。那时一个小学生都可以随口报出不少与己无关的商品价格。

紧挨萃华百货，是一家城中最大的理发店，店名取之于嘉定园林，曰“秋霞”。店内有两间宽敞的大厅，十多位理发师，老中青三代结合。大厅中央设有背靠背两排供顾客排队等候的人造革座椅。每回去“秋霞”都须排队等候很长时间。为啥这么多人愿意花这个时间？我曾估摸着，在“秋霞”的常客对理发的等候中，应该都已包含对自己认可甚或“心仪”的某位理发师的期待，尽管出现此等巧事的概率极小。“只差一个位置”，或更容易成为关于“秋霞”的记忆。

对学生们来说更为重要的去处，则是对街的嘉定体育场。每年“六一”我们都会去那儿参加大型庆祝活动。夏天的晚上体育场内常有篮球比赛，一位擅长三步上篮的姚姓本地高手的绰号“大摇（姚）篮”如雷贯耳。我自己也曾在位于体育场西南角的乒乓房参加过中学生单打比赛，那是一次最接近梦想的比赛：单打前四可进入暑期少体校集训。比赛结果我位列第五。

年少时一些所谓“无比接近”的经历，对自己的影响或许更多是幻觉或假象，相差的那一点点，却可能正富含生命的真理和成长的真谛。

“萃华”“秋霞”等都早已不见。体育场也已于九十年代中叶搬迁，原址上建了罗宾森广场。唯有对街的嘉宾饭店从没动过，几十年如一日经营着本帮菜式。小时候对它的认知，是在对面游泳池游泳后，难得过街来一饱口福的绿豆汤刨冰、花生酱冷面，或者是大大一碗青菜肉丝汤面，汤上油油的，面是特别有嚼劲的粗面。

忽然就有这么一天，在我中学毕业等待“插队落户”通知的冬季，同桌周翔鸣在楼下叫我下去，他对我说，你快要去乡下了，今天晚上我请你去嘉宾饭店吃顿饭。周翔鸣和我同桌四年，同住六一新村。他平时不太合群，放学后一般也不出来玩。不过，反过来说，和假设那天他约我出去逛街逛商店相比，他貌似突如其来请我去嘉宾饭店吃饭，为我送行，这更能说明他的为人和性情。这样的方式，在他也是首次，实在而出人意料，这么多年来在我心里常忆常新。那晚嘉宾饭店空荡荡的大堂由两个满脸青涩、举止局促的孩子带来的些许变化，其实也值得一记。若干年后，长大了的当年的孩子，果然就成了“嘉宾”。许多同龄人至今去那儿还同样会点那晚我们点过的两个菜：糖醋小排骨和发芽豆。记得它们，也是记得那个年代的味道。

我父母那一辈，则似乎从年轻时就没机会养成上饭店的习惯，人来客往都在家里，他们因此也都比较擅长烹饪。而无论是独一无二的“妈妈的味道”，还是令人垂涎的“隔灶头饭香”，它们留给我们的，也都不单单是一种食物的味道。

父亲有一个同事，我们叫他冯叔叔，一个礼拜天邀请我们全家去他家做客，以答谢之前几个礼拜天他常来我家和父亲谈工作，母亲每回都留他和父亲“喝两杯”。由父母双双带我们外出，如此正式，记忆中唯有此次。冯叔叔家在州桥南桥堍中下塘街，一栋两层砖木老房子，二楼南窗外法华塔触手可及。此楼后归塔院所有，1999 年改建为嘉定名人顾维钧生平陈列馆。我事后对那天的记忆，事实上就由两件貌似不相干的事相伴构成：一是冯叔叔家包的饺子，荠菜肉馅加了剁碎的干虾仁，美味难忘；二是经由冯叔叔家，我们意外获得了进入法华塔的机会，那也是我唯一一次登上大修前的“老法华塔”。塔顶景观在当年令人难以想见，我事后都觉得可以轻而易举对人说：我看到了国际饭店——位于南京西路的上海国际饭店，高 24 层，是当年上海最高建筑。

若干年后，当我回顾这段经历时，年少时某种“虚妄”早已褪色，自己也不再是“主角”。脑海里经常浮现的却是最后一次见冯叔叔留给我的印象：他颤颤巍巍，老泪纵横，与我父亲“作别”。这一幕深深震撼了我，仿佛顿时激活了内心对于经历中父辈们那些交往场景的缺失记忆。

城区的大街小巷，小时候给我的感觉是神秘，如今更多是相互之间的连通。而这也好比嘉定城内独有的水系。在这片有着国内罕见的“十字加环”水系、形如“龟背”的古老的土地上，诸多记忆的“一条街”绵长丰润，共同生成着城市生命的血脉。

解放日报朝花副刊 2022 年 9 月 4 日

# 六一新村

## 我们的六一

在当代嘉定，就建筑和时代的关系而论，恐怕没有比位于张马弄（路）上的六一新村更特别的。那个年代，城里偶尔有新建的住宅小区，通常都叫新村。我个人理解，这主要是为和农村的“村”保持一致，不显特殊。当年城乡之间并无地理界线，县政府围墙外面即是田野和村庄。“新村”是特指，“六一”是竣工年份。

六一新村还有一个名字叫机关新村。当年机关新村在全国各地并不少见，有点类似于部队大院。究其原因，是在1949年后，许多地方管理层中外来干部比较多，为他们及其家属解决住房问题成为当务之急。拿嘉定来说，六七十年代住在六一新村的，大部分是非本地籍干部，其中又以山东籍干部居多。六一新村不仅是嘉定出现最早的现代住宅楼，而且其质量还远超之后三四十年间本地建造的住宅房。小时候常听房管所的人说，这个房子达到抗地震很高级别的标准。它共有四栋四层楼，三栋三层楼，三个等级，12个门牌号。木地板，拼花地砖，抽水马桶，搪瓷浴缸，有的单元还有两个卫生间。在六十年代初，六一新村就使用上了管道煤气。

这种机关干部集中居住的大院模式，是特殊年代的产物，如今早已成为过去式。当年的户主们大都也已离开了我们。新村里曾经的孩子们也都已迈入老年，多数人也和我一样，早就不住在六一新村，许多人之间难得一见。不过，当我们偶尔相遇时，不管之间是什么情况，似乎总是能够一眼相认。无论何时我们回到六一新村，总是还能够看到它原来的样子，对每栋楼的窗户和阳台，总是还都能够说出它们曾经属于哪户哪家，甚至记忆中还洋溢着当年许多家庭特有的气氛。与建筑的特殊性密切相关的是，六一新村对我们这辈生于上世纪五六十年代的人尤其有着无与伦比的影响，我们的童年和学生时代因此显得很不一样。

最早六一新村周边有铁丝网篱笆和大冬青树组合而成的围墙。东西北三个方向各有出入口。东门外是一条将新村和少年宫隔开的弄堂。西门通向县政府食堂，前面竟还有一个桃树林。由食堂向西，穿过田野，跨过城中路，即是县政府大院（胡厥文祖居原址）。铁丝网篱笆为黑漆颜色，非常高，超过大人头顶很多，但由于它和密集种植的大冬青树组合，这道围墙便也可被视为六一新村标志性的风景线。新村内的步道两侧则种植了厚密的矮冬青，它常因学骑自行车的孩子连人带车翻倒而受损，但孩子通常安然无恙。梧桐和水杉是新村里许多孩子最早认识的树。楼间花圃里有夹竹桃、迎春、月季、鸡冠花、蜡梅、栀子花等，蜜蜂和蝴蝶也因此进入我们的视野，为我们所接触和了解。

新村正南方向，是大片向南延伸至城外的田野。我一直还记得自己第一次进入那里，是从不知被谁扒开的铁丝网下方一个缝隙钻出去的。之前我似乎从未考虑过从正常路径绕过去，或者不如说我从未想过自己可以到达那里。可是一旦意外发现那道缝隙，我立刻产生跃跃欲试的反应，欲罢不能。

就我个人而言，印象最深的是有一个时期，大约有一年半，我母亲因故不在家，父亲平日也不在家，我和弟弟两个三四年级小学生自己在家过日子，且没有任何托付或来自亲戚的照顾。母亲在她当时的状态中不知把家里情况和两个儿子想象成什么样儿。后来当她终于回来时，她发现虽然家里的卫生状况如她所料“一塌糊涂”，但两个儿子完好无损。母亲更是“吃惊地”看到兄弟俩还都曾荣获学校颁发的某种“好学生”奖状。那天，母亲先是大扫除，然后出门买菜，给我们做了一碗红烧肉油豆腐。

今天我在想，母亲应该感谢谁？母亲自己肯定没想过这个问题，她只是侥幸地说，还好、还算好。其实母亲应该感谢我们的新村。首先，和新村配套的食堂解决了我们的一日三餐，而学校又近在咫尺。其次，那几年新村里和我们家情况类似的很多，我们不至于感到自己“另类”，同时也因为这个原因，六一新村这个相对封闭的环境，那几年几乎成了孩子们的天地，我们也不至于感到孤独，甚至还得到了意外的自由。其三，我们家所在 11 号楼，是比较特别的一门两户，有一个白天，我发高烧一个人躺在家里，隔壁邓叔叔有事回家发现了我，那天他多次对我的探视和问候，给了我极大的安慰，一直铭记在心。其四，我相信对每一个人来说都最重要的是，我们新村里有那么多孩子，但在所谓“小鬼当家”的那几年，我们的世界基本上也是和平的，极少发生本村孩子之间的斗殴。事实上，六一新村里也从未发生过明显的邻里纠纷，这一点使它既像一个大家庭，又有别于一般的大家庭。这些恐怕都在我们这辈人身上留下了某种印记。

2013 年 10 月 5 日，原工农兵小学 72 届一班（六一班），在毕业 41 年后举办了一个同学会。其时该校已恢复原名普通小学。72 届共有三个班，六一班学生大都来自六一新村。光我所住的 11 号楼，同班同学就有 11 人。正是这个原因，说是小学同学会，其实其中只是小学同学关系的不多，许多人之间的同学关系从幼儿园延续到高中毕业，有的参加工作后还宿命般成为电大或职校的同学。

我给那次同学会起名“我们的六一”。我至今还记得，当脑海里冒出这个名字时，那一刻内心仿佛顿时被唤起了很多：关于我们的班级，我们的童年时代，以及和学校门对门、多数同学居住过的新村。

六一班共有 64 名同学，我们甚至如愿以偿找到了每一位同学，包括定居国外的。活动当天实到 58 人。筹备组同学的工作效率之高，有目共睹。当然另一方面也应该看到，的确很少有像我们班这样的同学关系，如上所述，我们的家长之间也相互熟识，知根知底，且他们中间还多有同乡、同事等关系。因此也并不奇怪，同学会当天我们还邀请到了和母校相关的当年的校长、局长和镇长：她们三位同时也是我们的家长。

同学会结束后，区档案局以一个简单而庄重的仪式，收藏了《我们的六一》纪念册。“我们的六一”虽然只是一个班级的同学会，但毋庸置疑它所蕴含的历史的、时代的丰富信息极不普通。

关于六一新村可说的很多。无论在建筑还是人文意义上，六一新村都留给我们许多话题。即使它将来不存在了，也依然会留在城市的记忆里。

文汇报笔会副刊 2021 年 10 月 23 日

## 年味

有时听外地朋友评价上海过年“不热闹”，会令我蓦然想起，小时候每逢除夕夜父亲都会感叹的那句话：“在我们山东老家，今晚是不睡觉的。”我问父亲:“不睡觉干吗呢？”父亲回答:“等年来。”我心里大致明白，除夕守夜是一种仪式，新桃换旧符，有种种热闹。

而若论热闹，这种气氛的确不在我对儿时过年的印象中。我家所在的六一新村，春节期间甚至比平日还会更安静些，原因是那几日各家各户的家长们都放假在家，孩子们被管束着，楼下少了玩耍嬉闹的身影。六一新村多数家庭的户主是山东籍，那些年也没见有哪家把老家的守夜习俗带过来，他们大概率会和我父亲一样吧，每当此夜有感而发慨叹一句。另一方面，我们新村里这类家庭也并不容易入乡随俗，尤其是在倡导“移风易俗”大背景下。因此我小时候过年几乎没有什么传统仪式，唯有一种堪称标志性的集体行为，就是家家户户凭票排队买年货，在大街上见此景观就知春节将至矣。

我小时候喜不喜欢过年？当然喜欢。因为过年没啥“讲究”，定格在记忆中的画面几乎只和吃有关，它们构成了最令孩子难忘的年味。当我今天评价父亲擀面包饺子的手艺，说这是他的拿手绝活儿时，我并不在意自己的表述和用词是否客观准确，那种情景和滋味也早已超越任何比较。历历在目的总是父亲从和面、擀面到捏皮儿时那些“神奇的手势”，是母亲煮饺子时不为身旁“动静”所动的不慌不忙——时至今日我还清楚地记得母亲下饺子时一定要反复加凉水 3 次，以致另一个后来经常被我提到的数字似乎就带有某种报复性：40，那一顿吃下的饺子数。

关于老家食物的味道，与其说至今还停留在“舌尖上”，不如说反映在记忆里的是曾由食物引起的心理上的幸福感、满足感。我们真的还能辨识单纯食物意义上“妈妈的味道”吗？它们似乎总是和特定场景给予的影响有关。我们成年后因此常会找不到一些熟悉的味道，而在一个不相干的地方却又会有莫名的意外之遇。无论是对父亲的饺子、母亲的糖醋排骨，还是姑妈家的大排青菜年糕等，如果我说自己再也吃不到那种味道，记忆里浮现的，多半却是与“味道”无关的一些情节：比如除夕夜母亲在饭桌旁看着我们一块接一块地吃肉，会说：“慢慢吃，嚼嚼烂。”而在平时她则会给我们另一种提醒：“吃得下吃，吃不下留到明天吃也来得及。”比如年初二父亲带我们去市区姑妈家走亲戚时在路上对我们说的话：“到了姑妈家别贪吃花生米啊，上姑妈的当，吃饭时就吃不下了。”我们听了总是哈哈大笑，因为那时花生米是稀缺货。

母亲长寿，今年 95 高龄。前几天我去养老院给她送新买的棉裤，将棉裤交给服务员后，我在院门外等服务员微信告知我母亲试穿是否合适。结果我没等到信息，却看到服务员搀扶着母亲从楼里出来。本该是我上楼去母亲房间看她，这两年因受新冠疫情影响，我已好久不方便这样去见母亲。这会儿意外见到母亲，我竟有点反应不过来，隔着院门问她：“你下来做什么啊？天这么冷！”服务员替母亲回答我：“你妈说她要和你说句话。”我看到母亲满脸笑容，挥挥手和我打招呼，冲着我说：“我很好！棉裤正好！”母亲说话的声音一如既往响亮，中气十足。我也注意到母亲穿着得体，白发稀疏，也已梳理过。我不由得大声问她：“还缺什么吗？”母亲没听清我的话，依然回答：“我很好！”

我心里明白，母亲希望让我看到她当下最好的状态。虽然只是下个楼，和我说句话，但她一定是在出门前换上了“盛装”，梳过头，照过镜子。在年前的冬日和母亲这一意外而特别的晤面，始料不及勾起了我对一种遥远而熟稔于心的“年味”的回味。当这种滋味弥漫于心头时，我感悟到，其中令我难忘的，正是昔日那一幕幕父母与我们相处的最好的情景。在那个年代，父亲常年“蹲点”农村，不在家，母亲工作繁重经常顾不上家，我们曾被寄养在外，也曾有过漫长的一段值得日后言说的“独立自理”的日子。不必说，过年的团圆意味在我们幼小的心灵里尤显不寻常。每当大年三十期待中的父亲出现时，他总像是我们一个久违的大朋友，乐于和我们打成一片；严厉的母亲在那几日脸上也露出了慈祥可亲的笑容。要不是有这些沁入心灵的景象，六一新村隔壁机关食堂的伙食，本来也足以成为我们日后无与伦比的回忆。

望着母亲的背影，条件反射似的，我忽又意识到自己对母亲的出现并未作出更好的响应。自己也已年过耳顺，老大不小，但当着父母的面总还是会有该说未说、该做未做的。转身离开时，我留下一句话：我也很好。

解放日报朝花副刊 2023 年 1 月 15 日

# 老城区

从两岁起，半个多世纪来，我在嘉定住过几个地方，搬过几次家，始终没有离开老城区。偶然想到，这并非偶然吧，是个人天性使然？关于自己和环境相处的个性状态，我最常听到的评语是“安于现状”。我并不排斥这一评语，自己经历中确乎少有天高任鸟飞、海阔凭鱼跃，一直在做的事也就一两件。另一方面，我对“安于现状”这一说法的认可，更在意“物我相谐”的表达。

嘉定老城区，旧时有称练祁市、州桥市、疁城镇等，我儿时叫城厢镇，后改称嘉定镇、嘉定镇街道。老城区形制颇为独特，城区外围周长近七公里的护城河，为不多见的圆形，圆心在纵横贯穿城区的横沥河与练祁河交汇的州桥头。如此少见的“十字加环”水系，八百年留存至今，称江南一绝不为过。傍着十字河，自宋以降，自然形成东、西、南、北四方大街。至上世纪六七十年代，唯张马弄、“一条街”、南大街等出现了一些新建多层住宅，城区内占据土地面积大半的仍是耕地和村庄。与一些地方“城中村”格局不同，这个“江南巨镇”呈瘦长十字形状，依河蜿蜒在绿野中。

不少嘉定“城里人”打小便习惯早晨推窗看到田野，呼吸庄稼和村庄的气息。我本人小时候从家里的南窗，听到的就几乎只有田间的各种声音，除了虫吟蛙叫、鸡鸣狗吠的合唱，白天常闻羊咩咩、牛嗷嗷，静夜里则时或有“唧唧鱼儿跃”入耳。

在我小学二年级时，六一新村四周的铁丝篱笆被人在南边扒开一个口子。虽然新村外面有路径和楼前的田野相通，但我似乎更有勇气从眼前突然出现的篱笆缺口钻出去。这段经历令我在完全不懂农活儿时，已非常熟悉农田。在棉花地里我捉到过至今历历在目的大头蟋蟀；在稻田水沟里捞过鱼虫和小蝌蚪；在曾是窗景中可望不可即的池塘边，钓过鱼，打过水漂，采过桑葚；无事时更常在田边玩杂草和泥疙瘩。

这片耕地一直向南延伸至城河。从前城河里岸筑有同为环形的城墙，四方有城桥城门：南为澄江门、北为朝京门、东为晏海门、西为合浦门。在我还不认识它们时，环城河已然给了我“边界感”。如今我想，这定然和我谨慎多虑的个性有关，但于我年幼时的眼界而言，城中天地已足够大。记得曾在儿时一次“逃逸”游戏中，我违反游戏规则跑出新村，但最终止步于南城河桥。那似乎成了我的宿命。

有限的边界感注定空间想象不足，但另一面或也造就了我对于身边事物过度的敏感和专注，拓展了内心冥想。成年前我在嘉定城中的活动区域，主要有住地六一新村、“一条街”、州桥头、周边田园等，空间内容其实也驳杂丰富。但记忆中那时的城区，更多是一个时代背景，本身似乎少有故事。这样的印象，可能与认知事物的阶段性特征有关。在这个背景下活跃的是个人成长中的多变心灵，是视线里的同学、老师、家人、邻里等。后来我对这些的记录常无穷尽。而沉淀于内心的景象，或更容易呈现出无尽的时空意味。

曾几何时，记忆中的老城区仿佛开始从沉睡中醒转来，抖落身上的尘埃，渐次显露出不凡的面貌。成年前我对事物的判断常用的标准是新和旧，六一新村、“一条街”是新，州桥及四方大街为旧。旧，也即为过时，尤其当它们原有的状态被改变或遮掩时。如今，和许多同龄人认知事物的偏好一样，我也经常爱用手触摸物件。那些曾经隐姓埋名的奇石名筑，在得到敬重和好奇的触摸下，古老的生命宛若新生。这份意外的体验慢慢让我明白，成长中先天缺失的重要内容，或许注定了我们关于成长的讲述的局限性。

嘉定城区改变最大的是田园和村庄的动迁。保存并维护完好的是“十字加环”水系。并非刻意选择，近 20 年来，我家住地一直临河，北靠城河，西贴横沥。在嘉定城中住了大半辈子，仅从“市中心”外移到城边。这些年常能听到城河上货船的鸣笛。拓宽了的城河，内圈还已贯通了周长为 6.5 公里的环河步道。“走不远”的宿命此时却又令我感悟到人生的某种悖论：或正如我的写作，每一个落下的文字毋庸置疑表达着某种“不安分”，却又别无选择地留下了自己的印迹。

解放日报朝花副刊 2022 年 12 月 4 日

## 画之媒

安亭师范是我人生旅途中一个大站，其中有不少人和事值得在记忆中珍藏。和美术老师钱欣明、李亮之的交往，不多的情节，却堪称“增之一分则嫌肥、减之一分则嫌瘦”。

1983 年，是我到安师工作后的第二年，那年 3 月 21 日，我应邀来到美术组的一间画室，给钱欣明和李亮之当肖像模特。画室处在一幢建于上世纪五十年代的红砖墙老房子里，室内杂乱无章，疏于清理，但给我安排的座位和那里的光线经过细心的布置和设计。钱欣明和李亮之各自选了一个位置，摆开架势，对着我画了起来。过了几天，他们俩分别赠送给我一张肖像画的黑白照片，“以资留念”。

当年我并没有看到最后完成的肖像画，彼此好像都没怎么太当回事。不过那两张画像的照片，在“艺术表现的个性特征”方面，给了当年的我颇多启示和深刻的印象。钱欣明和李亮之，面对同一个表现对象，两人只是选择角度不同，最终画笔下的成像却几无共同点。应该说，不同之处存在于画者看待事物的内心视角。呈现于钱欣明画笔下的我，“孤傲”而文雅；李亮之画中的我，倦怠散漫的神情中，却又似露出一点“戾气”。它们简直就是两张脸，却都是画者各自所看到的。如此个性分明的艺术表现中的“真实性”问题，恰恰也是令当年的我在写作实践中心醉神迷的。（图 5-10，图 5-11）

几年后，李亮之和钱欣明先后离开了安师。这一别有许多年，其间两人分别成为了美术教授和教授级美术编审。2010 年，我有幸和他们两位久别重逢，也是在那天，我第一次见到了上述两幅肖像画中的一幅——李亮之将他保存了 26 年的那幅画带了来，送给了我。又隔了几年，钱欣明也欲将他保存的那幅画“物归原主”，可万万没想到，那幅画在“中转”环节出了意外，人间蒸发了。我这时才发现，自己如今是多么想看到它。

这种想看到那幅画的心情，和貌似无关的时间有关。当年我就没感觉到有这样的心情，虽然画室近在咫尺。而两位画者似乎也无意及时主动地把画带到宿舍来给我看一眼，只是赠我以照片。今天，当两幅画仍原样保存在画者手里时，时间使重逢这件事变得别有意味。此时发生的意外，不必说，很容易会令人感到，失去的似乎不只是一幅画。

可是，当我怀着痛惜的心情，将那幅画遭遇的不测告诉钱欣明时，我完全没想到，他的第一反应会是:“没关系，我再给你画一幅。”毋庸置疑，我说的并不是再画一幅画的事。但我也马上反应过来，钱欣明给我的回答，其实不只是在安慰我，更可理解为是他在不假思索的反应中，真实地表达了他本人对此事的看法：我们其实并没有失去什么。或者说，我们失去的，只是貌似不可失去的。

于是，就像回到了 31 年前，在钱欣明的提议下，我又当起了他的模特。这一次是在我的工作室。连续三天，钱欣明从市区开车过来。他原计划来一天足矣，结果在创作过程中，他遇到了意想不到的障碍：时间似乎使同一个对象的“真实性”变得难以捉摸。钱欣明多次面对自己眼前的画板，而不是面对我，迷惑地说：“怎么画出一个老头子来了？”为克服这个障碍，他多花了两天时间。临走那天，他还拍摄了我多张照片，回家备用。当然，最终定格在画布上的就是一个老头子，但此时对画者来说年龄已不再重要。

我后来想，我大概曾以为，时间使那幅我从未见过的画发生了某种变化。其实，在流逝的时间中，那幅画除了材质或曰物理的老化，并不会变得更好。在某种意义上，这和时光催人老的道理一样。在时间中真正可以保持不变，甚至可以变得更好的，是由此发生的人的活动和沉淀其中的情感，而这些往往难以收藏，疏于记录。

回顾我和钱欣明、李亮之之间的交往，可记的实在是不多，且多半也只和画有关。但不寻常的是，这些偶尔的人生交集，却越来越显示出，与其说它们“只和画有关”，不如说，是由画形成了相互之间的关系，它们更在日后表现出了意味深长的成长性和稳定性。关于画的故事，或由此也令人常翻常新。

和画有关的故事近年亦有续篇。2020 年，我受托邀请李亮之为丰德园绘制一座影壁的砖雕线描图稿。钱欣明和我也参与了图稿的构思。图稿由三幅画组成，正中为丰德园全貌图，两侧则尝试以丰德园景观元素构图，向中国田园诗派开山鼻祖陶渊明诗歌中千百年来令人景仰的美好意境遥致敬意。2021 年元月某日，我们三人在新落成的影壁前合影。在壮阔的砖雕作品前，出现的是三个被时光之刀深度雕刻的“老头子”，但不必讳言，如上所述，在我们之间，某种不为时间改变，甚或历久弥新的东西也因此更为凸现。这应该是唯一的一张我们三人的合影，照片的功能，在这一刻表现得无与伦比。

解放日报朝花副刊 2021 年 3 月 25 日

# 记忆

## “弗拉基米尔之路”

明年（2022）是安亭师范学校百年诞辰。我们都习惯称她为安师。我曾在安师工作16年半，1998年夏离开，到今天也已过去23年整。最近因写作原因，常想到这几十年来自己在人生旅途中经历过的几个大站，这样的回望还令我从中悟得了一个似乎有悖常理的道理：即记忆的深度和质量，不只是和时间的远近无关，和经历的时间长短也并不成正比关系。任何一种深刻的有质量的记忆，在我们的感觉上都可以用两个貌似矛盾的词语来形容：恍若隔世，历历在目。

安师的前身有过多个名字，如江苏省立第二师范学校分校、江苏省立黄渡乡村师范学校、苏南黄渡师范学校、苏南安亭师范学校等，1958年易名为上海市安亭师范学校。七十年代初，安师曾一度搬入外冈上海社会主义学院。1982年初我去安师报到工作时，学校已迁回自1946年起在安亭兰塘的老校址。再早时校址在黄渡老吴淞江南，后毁于战火。

我现在记忆中印象特别深的就是八十年代的安师校园。当最初看到她时，我的确有点不理解，这所曾经是江苏省立、后为上海市立的师范学校为什么要建在乡下，甚至明显还有意要远离安亭老街。

我后来曾听前辈老师水康华说，从前从学校出门去城里，没有车，要“摇船去”，不然就靠步行，当然也没有好路，尤其在雨天。水老师对我的疑问也给出了答案：安师在创办后几易其地，始终没有离开农村，是以“乡村师范建在乡村”，践行陶行知倡导的“生活即教育”“社会即学校”“教学做合一”的教育理念。

在兰塘的安师校园占地百亩，四周以砖墙和田野隔开。校门口有两条路径通向外界：一条简易柏油路向南，在穿过一座村庄后连接到安亭老街；另一条机耕路向西，至肖浜沿河流北拐后通往外青松公路十号桥。我走得多的是机耕路，因为从十号桥东侧的肖浜公交站坐嘉安线回嘉定对我更方便。在安师的16年半里，我每周都需要在这条路径上来回数次，而且总是独自一人。这本是一件极其单调的事，可是在日复一日的重复中，它留给我的记忆却格外鲜明而丰富，以致在我离开安师后这些年里，每当想到她时，脑海里还多半总是会第一时间浮现起门口的那条路。

事实上，这条平常少有人迹的空旷而静寂的路，给予我的天然的空间，最终融入了我的内心世界。在那里，不必说有种种田园的美妙：各种声音、气味、色彩，纯净的风、清冽的水流和广阔的天空；更有此后再也没有见到过的大片望不到边际的油菜花。那个世界同时也留下了一个精力旺盛、充满创作欲望的年轻人内心的种种律动和冥想。此外，我也还记得，和在闹市里很容易错过熟悉的面孔不同，在那儿我很容易记住两张陌生的脸。那是附近村里两个在嘉丰棉纺厂上班的青年女工，我常在上班的路上碰见她们下班，而在下班的路上碰见她们去上班。在她们下班时，拂过她们头发的微风中会带有香皂的气味。我从未在其他地方碰见过她们，因此也就没有机会以一个点头或微笑和她们确认一下彼此“认识”。

晚我半年到安师工作的美术组的李亮之，前年在网上写了一篇“回望安师”的文章，其中有50多幅插图，小一半是当年的照片，其余都是他在安师那几年创作的油画和水彩画。我刚刚发现，除了人物肖像和一幅老平房教室画作，李亮之画的都是“门外景物”，而且竟都和安师门前那两条路有关。他甚至以横向的“三联画”表现了由安亭老街至安师的那段路径及其周边广阔范围的景物。路的尽头看不到校园，却更引人遐想。他也画了多幅校门前西向的那条“经常泥泞、坑坑洼洼”的机耕路，并以其画家的见识和阅历，将这条路戏称为“弗拉基米尔之路”（十九世纪俄罗斯名画）。（图5-7）他还突出表现了两条路上各有一座的石板桥，看到画中两座相似又各有不同的石板桥，对于它们的记忆的复苏，在我的反应上反而像是沉入于一个久违的梦境。

李亮之在近四十年前所作的安师景物画，集中于表现安师和外界连接的两条路，它们却正是今天我在“回望安师”时特别在意的。考虑到老安师的校园仍在，并几乎保持原貌，而在近二十年城市化进程中她的外部环境已发生巨变，“弗拉基米尔之路”及其周边风物早已消逝于新兴城市的大街小巷，在这个意义上李亮之当年的创作简直堪称神来之笔，它不仅为安师保存了一段记忆，而且，那些沉睡了近四十年的画，还似乎早就在等着一次意味深长、惺惺相惜的“邂逅”。

其实，无论李亮之还是我，我们在不同时期以不同方式关于安师的表达，归根结蒂说明了一件事：对于当年的安师人来讲，学校门前那两条路有多重要。我们都知道它们不是原来就有，它们的出现，对于学校道路功能的提升，从一个侧面也标志了安师的发展。

另一方面，它们也为安师师生每天傍晚的“校外活动”提供了便捷。安师学生和大多数老师都住宿在校，学生白天不得随意离校，只在晚饭后至晚自修前这段时间可以走出校门。这是安师师生们的“逛街”：路边没有橱窗和商店，有的是田野和村庄；没有车水马龙，有的是鸡鸣狗叫；没有万家灯火，卿卿我我，有的是星空点点，谈笑风生。不少人走着走着也会离开主路，步入田埂，探访农舍，就好比在城里逛街时被琳琅满目的橱窗所吸引而拐进商店。我相信在安师待过的人对每天傍晚晚霞下的这一幕都会记忆犹新。换个角度看，它其实似乎更有一种壮观处。

不消说，安师门前的路径也还颇具个性的意味。如前所述，李亮之有他的“弗拉基米尔之路”，而在那条路上也留下了我关于文学和写作的种种冥想。不只我们俩，许多安师人都经由它们走向更远。从远方而来，又走向远方。李亮之的那些画给我的感受是，曾经的路不只依然在我们的记忆里，也依然在我们的脚下。

安师素被誉为小学老师的摇篮，但在嘉定她更因被认为培养了数量庞大的几代地方干部而著称。我要补充的是，从安师的路上也还走出了一些非常富有个性且卓有建树的文艺家和学问家。

从 1982 年至 1998 年，我相继担任过安师七届学生的“文选和写作”老师。今天我不由得要在此郑重记下这些届次：85、87、90、93、95、96 和 99 届。我很欣慰的是不只我还记得他们，而且内心也还一直留存着那些日子在和学生们的交往中我所感受到的生命温度。

嘉定报 2021 年 10 月 5 日、

“上海嘉定”公众号 2021 年 10 月 7 日（图文版）

## 迟到的告别

2004年，在离开安师六年后，我写过一文题为《迟到的告别》。写那篇文章的缘起是那天下午我找书时见到了一本1992年安师为庆祝建校七十周年制作的纪念册。拙文中有如是描述:“翻开第一页，忽然心里涌起一种异样的感觉。那是一幅横跨两个彩页的安师全景图，由于要把校园宽的一面和前部建筑表现出来，它的进深被压缩了，只占页面高度四分之一。陈旧的围墙，沿墙一排冬季的杉树，萧瑟多云的气候，以及画页右上方一角黑魆魆的悬铃飞檐，使画面笼罩着一层古朴苍凉的气氛……这一反应，显然和当年随手抛下这本纪念册时的心境不同。不只是上述那幅全景图，包括一些人物照和景物照，都在那一刻震动了我。我忽然就意识到，自己内心似乎并没有真实地和安师告别，过去的六年好比是放了一个长假。”

此文在我电脑里存了十七年，今天重读一遍，我倒是发现了它被搁置未用的原因。“迟到的告别”，文中已点明，它表达更多的是关于面对那本纪念册时情绪上的某种意外反应。文章恰当表达了题中应有之义，但成文后瑕瑜互见。

文中运用了大段铺陈和排比，然后写道：“我还特别怀念安师校园独有的夜晚，记得在那些空气中洋溢着抒情而伤感气氛的夜晚，学生自编自导自演的晚会，篝火晚会，记得一届又一届学生离校前夜的狂欢场面……”

这一段文字格外留住我的目光，令我想到很多。我相信老安师人对此也都会有同感。不过，我内心真实的感受，又并不认同这种写法。我至今记忆犹新，每年的那一晚，数百名毕业班学生齐聚学校大礼堂，观看文艺班学生的“毕业汇报演出”，组织者每次都会在座位不够的情况下，专门留出前排位置给老师，可是去还是不去，对我始终是一个问题。我在上文中所谓“记得一届又一届学生离校前夜的狂欢场面”，于我并非实情。甚至我于文中特别提及的“篝火晚会”，说“记得”，也只是一个合乎题意的说法。当然，我也有过莅临现场的经历，至今还尤其记得最后一幕：场内灯光暗下来，台上几十名身穿白衣白裙的女生，唱着安师校歌，手捧烛光，眼含泪花，轻轻摇摆着身子。这一幕回还往复，晚会在高潮处久久延宕。台下的学生几乎全都站了起来，不少女生开始为明天的分别相拥而泣。

毋庸讳言，我在现场也会被打动，并且很享受这种状态，但是另一方面我又很不情愿自己这样。上升到审美高度，我更不会认同自己因为台上是自己的学生而可能会被轻易带入节奏。于是在每年的那个夜晚，我都会非常纠结。我会觉得留在宿舍里多读一页书更有价值，然而那样的夜晚又让我定不下神来。

我在年轻时总是特别想表现出成熟，这本身就不是“成熟”的想法。老话说：“少要老成老要狂。”对此，前人的诗文中也不乏这样的描绘：“少年不识愁滋味，为赋新词强说愁。”“老夫聊发少年狂，左牵黄，右擎苍。”这些似乎皆非平常状态。事实上，在人的一生中，精神和心灵的成长贯穿始终，年轻时完成不了，年老时也不宜放弃。

拙文中多有话不尽意、言不由衷之处。比如，我还试图这样描述自己的离开:“曾几何时，我以为自己能成为一名有所建树的老师，我无意在此对自己的善始无终给出冠冕堂皇的理由，无论如何，这件事总是会给我留下遗憾和抱歉。”

事实上，我压根没有冠冕堂皇的理由，这才是特别要表示“遗憾和抱歉”的原因。我有意暗示有一个不得已的理由，似乎就为保持“不言而喻”的离开姿态，从那以后我还一直回避讲台，理由也总是令人匪夷所思。在十六余年的讲台生涯最终给我的挫败感中，毋庸置疑对自身的不满和质疑应该是主要的，可是直到今天我似乎依然满足于某种习惯性的认知状态。

重读旧文《迟到的告别》，当读到其中关于自己在安师期间人际交往方面温情脉脉的描述时，我不由得移开目光，扪心自问：真是这样吗？别的不说，自离开安师后，我注意到一个始料不及的现象，即有时想到那儿，脑海里更容易浮起的人竟是几任校长，这似乎有违情理。我在安师主要经历过三任校长，和他们相处时间都比较长，但除了工作关系，并没有多少私交。在安师的日子也并没给我落下任何值得我日后记住他们的“心理阴影”。三任校长，虽然个性互有不同，但都为人正直，与人和善，放在过去和今天都堪称礼贤下士、和蔼可亲的楷模。我想说的是，当年的安师其实是多么不寻常，反倒是在我们这批老师身上，或者就说在我身上吧，经常会显出平常心的欠缺。我现在常想，在我们这一辈不少人身上，不可否认始终存在着一些成长中的基础问题，即使年龄增长，迈入老年，依然会显出学养不足、戾气太盛等问题。

离开安师后，我脑子里曾多次起念要去看望其中一位校长。其实就有两个原因。其一是这位校长在领导岗位上和我接触时间最长久，他待人接物的方式和态度也最符合我内心认同的长辈形象。其二，我不希望自己在安师时对领导的种种冒犯，在对方心里发酵为目无尊长：在潜意识中我试图表明这一态度。可是不久我就惊悉这位校长病逝的噩耗，心里的愿望化为泡影。

嘉定报 2021 年 11 月 9 日、

“上海嘉定”公众号 2021 年 11 月 20 日（图文版）

## 不只是在记忆里

2021 年 9 月 26 日，我和陶继明、顾建清陪曹伟明去了趟安亭，除参观藹云博物馆、震川书院，伟明提出去原安师校园看看。这应该是我自 1998 年夏离开安师后第五次回到这里。事后比对几次回去所拍照片，不必说，乍一看这些不同时间拍的照片变化明显。通常我也的确会在这儿用到“变化”这个词，但这一次我却觉得，这并不是一种准确的表述。好比我们偶遇一位多年不见的熟人，有时我们在反应上会特别纠结于对方“有变化”还是“没变化”。当我们告诉对方“没变化”时，其实也未必全然是恭维，只是我们没有找到更恰当的表述。

我想说的是，安师真的就像是我的一位老熟人。固然她的周边环境已大变样，整个地区更已发生翻天覆地的变化，但她的校园几无改变，我离开时的那些建筑物一一俱在。就是原先的校门，虽早已废弃不用，也还能在原址找到。1998 年改换校名后，原来那堵留有当代书法家费新我左腕运笔书写的校名痕迹的矮墙也还在。1990年建造新的教学大楼和办公楼时，按规划应拆除却被保存下来的那栋简易如工棚的二层办公楼，至今仍在。教工宿舍楼旁边一片篮球场也还是那个样子，在它东北角有一口老井，花岗石井栏，我记得当年断水时会用到它，今天也仍在。更不用说校园中央那棵辨识度最高的植物，雪松，今天依然枝叶繁茂。除了校园西部的大操场已被改建他用，其他的场地、道路等都也还在。铺地也多为原物。安师校园既不像我年轻时待过的其他地方，多数已面目全非，她也不像一本纪念册，或可以令我们“常翻常新”，或被藏之于高阁，成为所谓“尘封的记忆”。每次见到她，她就像是一个久违的熟人，很熟，很不寻常，不管不见多久，内心总像是会有一种顿时被她唤醒的感觉，记忆的碎片伴随昔日的情景纷至沓来。事实上，在比对那些不同日子拍摄的照片时，深深吸引我的“变化”，是岁月流逝刻下的印痕，是季节变幻化出的妆容。面对她的人，又何尝不是如此。

我前几次回去，第一次是2005年12月29日，我和吴斌两人临时起意；第二次是2010年5月8日，我被邀请参加8506班毕业25周年回校活动；第三次是2015年6月21日，我参加了原安师教职工的回校聚会；第四次是2019年3月9日，我应邀参加9003班同学的回校活动。

在每次回去留下的照片里，被拍到四次以上的有：教工宿舍楼区域，包括篮球场、实验楼等；旧办公楼；每年举行毕业晚会的大礼堂。可见这几个地方给我印象之深。竟也有我在记忆里搜寻不到的，如一栋四层砖瓦房，位于学校锅炉房后面。2019年9003班回校聚会时，该女生班的几十名同学在这栋曾经的女生宿舍楼前的空地上流连忘返。这是她们的记忆。因为有此情节，最近一次回去时我也有心拍下一张它的照片，和两年半前相比，如今它已完全掩映在草木丛中。

对自己住过的宿舍楼，又何尝不是这种心情。第一次回去时它还在使用中，外墙新近粉刷过，干干净净，只是西侧入口处围了栅栏，设了铁门。当时觉得刺眼的是，楼西的篮球场四周，压着边线安置了水泥板凳，这岂不很容易造成球员受伤？第二次回去时，自 1998 年安师撤校后走马灯般在此驻扎过的华东师大安亭实验中学、上海市安师高级中学、上海音乐学院附属安师实验中学等均已停办或撤离，校园空置，教工宿舍也已人去楼空，铁将军把门。但从照片看，因为是春季，楼前墙旁草木长势旺盛，郁郁葱葱，阳光明媚。后来几次回去，我则每次都感觉到，此楼已经很久没有人进去过了。我自然也被挡在隔离带外，我的视线也被越来越茂密的草木所遮蔽。

不必说，校园物业方面对此楼做出的处置是出于安全考虑，但我也不妨将此看作是一种保护。我不知道楼里现在是什么状况。其实，我宁可也不再进入。对我来说，这栋楼就是原来的样子。它还就在眼前，从外面眺望和窥视也的确没有改变。我不免会自以为是：它是为我们的记忆留存着吗？在“加快城市化进程”的近十数年间，出现这种状况不能不说是一个奇迹。

紧挨着铁栅栏门的是底层西侧顶头一间“耳朵房”，当年住着一位叫尤学忠的语文老师。我上大学时课堂上讨论过一个题为《春天》的话剧剧本，编剧就是他。他也写过小说和电影剧本。尤老师的才情和爱好不止于此，年轻时当过文艺兵，擅长多种乐器，酷爱打篮球，吃辣，嗜烟。这个房间后来应该还住过别人，但尤老师的“重口味”简直已令这间房在我的记忆里“百味莫辨”了。

按这样的个人记忆逻辑，我每说起这栋楼里的人和故事来，很容易有如数家珍般的自爱。就从尤老师的“耳朵房”数起，每层七间都会像是一个个内容不同的藏室。我听说，有的房间里的确还留有当年未及带走或清理的个人物品。会不会有金德明的译著手稿？有蔡福华为吴惠谱写的曲子？有钱欣明画笔下的崔老师？有李亮之劫后余生的人物素描？有柴继兴尚未整理的陈年旧照？有陆伟民论高加林的片纸只字？有宋文治《放学归来》的另一个版本？

当然，这纯属我个人的臆想。事实上，不只是这栋楼，包括也还留存着的布满爬山虎的实验楼、大礼堂、老办公楼、学生宿舍等，和我们的记忆相比，它们只是“还在”而已。好比楼旁那片篮球场，只是我们还叫它“篮球场”。这些被关闭空置的房子年久失修，本身建筑质量不高，并无保存价值，某时某刻被拆除是题中应有之义。

然而，它们满载的记忆是多么有价值，它们依然可以被叫“篮球场”“大礼堂”“实验楼”是多么有意思。虽然我们可以用文字图画等记录下这个地方，但怎么比得上它还能留给我们一砖片瓦？何况，对安亭这座短时期内变大变新的城镇来说，她怎会不需要百年安师这样珍贵的记忆？

我不免暗自琢磨，假设这里有某一栋楼，当然最合适的莫过于眼前这栋曾经的宿舍楼，它被在保留原貌的基础上，加以修缮改造，成为一座在本地值得永久保存的历史文化标志性建筑，且在功能上被建设为别具特色、内涵丰富的安师校史及人物档案博物馆，假设在安师原址具备这样一座建筑，与一箭之遥的震川书院遗址遥相呼应，无论对我们还是对一座城市来说，该是一件多大的幸事。

2021年10月13日，原安师美术教师、现为美术学教授的李亮之将他四十年前在安师工作时根据校园周边风物所作的两幅水彩画，捐赠给了嘉定区档案馆。（图5-8，图5-9）这会是一桩意义非凡的善举的开始吗？

嘉定报2022年1月4日、

“上海嘉定”公众号2022年1月16日（图文版）

## 比快乐更容易铭记的

1982年春我大学毕业后，接到的分配通知是留城去嘉定四中，但先要借调到安师工作半年。学期结束后，承蒙校方挽留，我留在了安师。这一留就是十六年。人的一生中有许多貌似“节外生枝”的情节，引导了我们的人生之路。当我们无法用“偶然”“巧合”来理解如此环环相扣的情节链时，我们便以“缘”作解释：对缘无须解释。但我们的人生没有成为另一种样子，仍然常使我们心怀遗憾，虽然我们并不认为自己确曾有把握改变事实。

同样，相比于我在安师做过的貌似值得一记的事和我从中得到的满足和快乐，有一些遗憾其实给我的印象更深。

父亲曾在我上中学时对我说过这样的话：我看你将来适合当语文老师。1977年恢复高考，我偏偏就考上了上海师院中文系。那天，父亲向单位借了辆面包车送我去报到，看到偌大的花园般的洋气的师院校园，父亲谆谆教导我说，国家给你们提供了这么好的条件，你要好好学习，不辜负国家的期望，将来当一名好老师。那一刻，我脑海里浮起了父亲曾经对我说过的话，心里想，还真让你说中了啊。

曾经我是比较认可父亲对我的“职业规划”，我现在想，很大的原因应该和我从小对小说的喜爱并由此而生的写作梦有关。我小时候能读到的小说不多，《苦菜花》《林海雪原》《青春之歌》等，是我最早读到的长篇小说，它们令我着迷、惊叹，并给了我梦想。在很长一个时期里，写作的确只是一个梦想，写出长篇小说的作家曾令我惊为天人。不过，这个梦想却又别无选择地影响了我的人生规划。当一个语文老师，在校园里工作，在我心里无疑最接近于梦想。在安师十六余年里，身边同事“跳槽”“下海”频繁，这些对我都有影响，但我没有选择离开，直到1998年安师撤校改制。现在想来，能让我安心守望的，在安师的校园里，还真是非内心的梦想莫属。我最终的离去，和当年对安师的选择，也都应在了一个“缘”字上。

我今天还保存着一本1984年的获奖证书，内容是我在该年获得上海市师范学校青年教师评优“一等奖”。今天看到这本证书，内心还会有点昂扬的反应，似乎觉得还可以拿它来“聊以自慰”。其实，虽然我年轻时曾有过洋洋万言的《我的语文教学观》，但和至今尚无宣明个人“文学观”的写作相比，语文教学对我始终是一项更无把握、充满挫败感的工作，也是我所做过的极少的有始无终的事之一。我曾将上述拙文请教于教坛一位卓有建树的前辈老师，有幸得到赐教和鼓励。此刻，我却忽然觉悟到，自己其实并不是要说，我本可以不辜负前辈的期望。我们经历过的许多事本不存在“本可以”。诚恳地说，从教十六年，我一直都还困惑、纠结于一个老生常谈的难题，即一些诗文在审美上的多样性、丰富性和在课堂上作结论时的标准答案之间的关系。遑论语文教学中一些真正令人高山仰止的课题。

1996 年 10 月的一天，我意外接到文学评论家王斌的电话。我和王斌之前并无交往，他当时是张艺谋的文学策划，那天他找我的事也正与张艺谋有关。他在电话里告诉我："艺谋刚读了你在这一期《作家》（1996 年 9 期）上的两个短篇小说，很欣赏。"他说，张艺谋一直想拍一部讲老师故事的电影，读了我的小说，又了解到我是当老师的，所以有意请我来完成这样一个剧本的创作。到 10 月下旬，王斌又来电话，约我去北京见面。数月后我们又在北京约见了一次。我和王斌有点见面熟，他是个健谈而坦诚的人。每次我都被安排在北京住几天，其中一次还和王斌一起住在"张艺谋工作室"。只要不是开会，王斌很少主动和我谈"正事"。我们聊得多的倒是小说和小说家。王斌还和我讲他自己的故事，也邀请我去过他家里。我也曾邀他和我一起去见我的朋友等。

当然，那两次去北京张艺谋也都在，他召集我和王斌开会，谈他意想中的电影。还记得他的开场白："没人逼我拍电影，可以不拍了，就是自己还愿意做这件事。"对于尚无雏形的电影，他讲得很多。

除了开会，在北京期间和张艺谋也有过几次平常的接触。一次，我和王斌同去张艺谋家，进门就见他一边在吊针，一边两眼盯着屏幕在做他的新片子《有话好好说》的剪辑。那天他在家里请我们吃晚饭，吃的是羊肉泡馍，边吃他边问我，吃得惯吗？又一次，一位美国导演慕名来见他，张艺谋说，既然他要来见我，就请他吃家乡饭。

去的是张艺谋自己常去的一家陕西饭店，木楼梯吱嘎响。美国导演很快就入乡随俗，胃口大开。我也随张艺谋去吃过永和豆浆的油条等。张艺谋还曾在开车送我回住处时，嘱身边人在路边西瓜摊给我买个西瓜。和张艺谋签了合同后，他还考虑周到地给我工作单位安师的校长写了一封亲笔信，替我说明情况。

我做上述记录，很容易会令人感到，那次合作一定既愉快又成功。我自己当时也是信心满满。但最终还是留下了遗憾。那是我第一次接触电影，我勤奋地写了三稿，三个不同的故事和样式：大纲式、故事体裁和小说体裁。我印象特别深的是，当我觉得写不下去时，那种情形和我在小说创作中遇到的困难不同：事实上，即使我还可以写下去，但我已对自己写下的文字完全失去了判断。

几十年后的今天，我为什么会说，人生中的某些遗憾会更容易被铭记，那是因为，如上所述，在我看来，我们没能完成的事不仅同样事关责任和抱负，而且它们似乎还可以被看作是一种对于人生定式或宿命意味的突破尝试。在这个意义上，遗憾是一种特别值得记录的情绪，我们的内心因此不寻常。

上述三个版本中的小说稿，后来以《向红》为名，发表于《山花》1997 年 12 期中篇小说专辑头条。在 1998 年 1 月 29 日《作家报》第一版上，李敬泽（曾任《人民文学》主编，现为中国作协副主席、中国现代文学馆馆长）在《看小说：1997 年 12 月》一文里，开篇写道："在《山花》12 期上，张旻出人意料地讲了一个乡村教师的故事，这篇小说叫《向红》。我不知道这是否就是人们私下谈起的晚生代作家的'现实主义转向'，小说有多种读法，按其中的一种读法，《向红》与我们通常所说的'现实'有明确的、密切的对话关系，如果我是电视台的记者，我会扛起机子，奔赴《向红》的现场，制作《焦点访谈》或《东方时空》。”

嘉定报2022年2月9日、

“上海嘉定”公众号2022年2月27日（图文版）

## 生命延续的方式

安师撤校至今已有25年，这中间门口招牌换过多个，时间都不长。近十余年来，这所占地百亩的院子虽仍挂着某个名头，但基本是空置状态。2012年，导演林旭坚筹划要拍一部校园题材的片子，我想到闲着的安师校园，推荐给他，不久他就在那儿拍出了唯美的剧情短片《我的中学时代》。那以后安师校园曾经野草丛生，枯叶铺地，藤蔓掩墙，西部操场还一度被周边村民当作牧场，放过羊。前些年那片操场作了改造，布满爬山虎的原学生食堂有所修缮，北部盖起一栋新楼，校门移位，招牌换新。然而与此同时，这一新项目改造工程愈发显出遗忘了园内多半场所和建筑物，它们不仅依然维持原样，有的地方还干脆用铁丝篱笆围了起来。不久就听说那儿有了常驻物业，负责人还是原安师同事。这个消息得到证实后，想到要回那儿去聚会的原安师师生多起来了，她似乎一下子被认识到作为重逢叙旧之地无与伦比的价值。她也一直仍被称为安师，就是在她撤校改制后的几次更名中，安师俩字几乎也一直被嵌在新名称中，如上海市安师高级中学、上海音乐学院附属安师实验中学等。正如校门移位换牌后，那座不再使用的老校门也仍然被留在原址，这些年，每一拨回去的人，当发现那堵留有当代书法名家费新我题写的校名痕迹的矮墙还在原地时，内心会不由得感受到此时此刻似乎特别需要得到的某种“体贴”。由此门入内，一切还都是老样子。

对我来说，安师也是我小说中常见的题材之一。和许多写小说的人常会遇到的烦恼一样，我早期的小说也曾有过小说人物被对号入座的尴尬，这促使我更有意识地用好小说体裁的虚构性，努力把小说写得更像小说，同时作为一种策略，我在小说中多用第一人称。从此我的“校园小说”中的“自传”色彩，可能掩盖了现实生活中的其他“原型”，它们令读者产生对“我”的故事发生地的好奇心也成了题中应有之义。多年来在我接待过的异地朋友中，不乏对嘉定一无所知却知道有个安师的，也常有来客不等我安排行程，即主动向我提要求：方便去你当过老师的那个学校看看吗？我不仅多次当过这样的向导，还曾不止一次拜托那位负责物业的前安师同事，为碰巧路过安亭的朋友提供顺道访问的便利。也曾有一位相熟的电影导演，一次在上海和他相遇时，彼此聊着小说和电影，他对我说，有机会他很想去我小说中的校园看看，他脑中已有一些关于那所校园的“画面”。朋友应该没想到，好多年过去后，他多半已忘记脑中的“画面”，但他所称“小说中的校园”，依然保持着曾经的妆容，似乎还在等候远方的客人。在过去二十多年间，不论是怎样的阴差阳错出现在她身上，她始终如置身时空之外的状态，似乎已将自己变为“传奇”。虽说眼前安师留下的这些老旧建筑，或被改造、或被拆除终究是可预见的结果，但安师在退幕多年后仍以这样的方式表现出的生命力，更可预见是长久的。

今年3月7日，曾于上世纪八十年代在安师共事过的十来位朋友，相聚嘉定丰德园，缘由是几年前原安师美术教师李亮之在我引荐下为丰德园创作了砖雕影壁的画稿。另一位原安师美术教师钱欣明也参与了画稿的设计。2021年初，我们三人曾在新落成的丰德园砖雕影壁前合影，那竟是我们三人从青年时代相识以来的首次合影。第一眼看到照片时我觉得有点惨不忍睹，过了两年再看它，却已觉得意味深长，这也再次证明照片独具的“历史价值”。那天参加聚会的老同事中有位安师当年的副校长，王老师，年近八旬，说起安师往事，王老师尤其显得如数家珍。在场的还有俞老师、冯老师、陈老师、顾老师、张老师、崔老师等。与各位老同事聊着近年来也常在我回眸中的安师轶事，我忽然发现，当下竟可能是安师自撤校后被看到和被说起最多的时候，然而这些尚不能成为日后有价值的记忆。比如刚刚听得有人说起在座的陈秋兴老师，曾是足球和田径两个项目的国家级裁判，“在嘉定尚无第二人”，但做档案的都知道，对历史记录而言，比任何对此事的讲述更值得期待的，是陈老师手里“独一无二”拥有的两本证书。我曾在《不只是在记忆里》一文中，兴致勃勃地揣测在已被铁丝篱笆围住多年的原安师教师宿舍楼那一间间空置的屋子里，可能还留有当年屋主未及带走或清理的一些有价值的个人物品：照片，证书，书信，备课笔记，论文手稿，各类原创文艺作品的原稿、手迹等。由此我还设想，如能将眼前这栋曾经的教师宿舍楼，在保留原貌基础上改建为安师校史及人物档案陈列馆，同时它又可作为一座在本地值得长久保存的历史文化标志性建筑，与一箭之遥的震川书院遗址相呼应，这才是对安师最有价值的纪念，是百岁安师生命延续的有效方式。至于旧址上的其他场所和建筑，本应尽早有一个适应时代社会变化所需的改造利用规划，不该一关了之。

2021年，在我发表了《不曾消逝的路》（又名《“弗拉基米尔之路”》）后，李亮之慷慨地将我文中的配图、他画于将近四十年前的安师的两幅水彩画捐赠给了嘉定区档案馆。我在文中为两幅配图加注的说明是：“安师通往外青松公路的石板桥”“安师通往安亭老街的石板桥”。文章发表后，不少读者表达了对那两座石板桥的记忆和怀念。我记不清是在捐赠前还是捐赠后，李亮之告诉我，后一幅画他画的应该是和安师校园一墙之隔的安亭兰塘村村口的石板桥。如今安师周边的村庄、田野、河流早已被新兴的街巷楼宇所取代，我如果不在此作这个说明，未来的历史记录恐怕就是那样了，虽然似乎微不足道。

嘉定报2023年4月5日、<br>“上海嘉定”公众号2023年4月8日（图文版）

# 大观园里的清浊雅俗

清浊雅俗是《红楼梦》故事里一个贯穿始终的话题。在中国传统文学中属老生常谈的清浊雅俗观，在《红楼梦》中却表现得极不简单，独具慧眼。以今天的眼光看，这本奇书中的相关描述其实更多是基于常识、常理、常情，而非某种执念，这使它的故事既富含古典意味，又不乏超前意识。

《红楼梦》中第一清高洁净的人物不是黛玉，更非宝玉，而是栊翠庵里的妙玉。此女隐居庵中，带发修行，不食人间烟火。从她曾将刘姥姥喝过一口茶水的一只“成窑五彩小盖钟”视为浊物丢弃看，其病态的洁癖已显著表现于精神层面。这只成窑杯后来由宝玉主张送给了刘姥姥，对此妙玉还说：“幸而那杯子是我没吃过的，若我使过，我就砸碎了也不能给她。”即使当着黛玉面，妙玉有时照样会说：“你这么个人，竟是大俗人。”黛玉也不生气。在书中第五回，宝玉梦游太虚幻境时看到的“金陵十二钗正册”，其中对妙玉的判词为：“欲洁何曾洁，云空未必空。可怜金玉质，终陷淖泥中。”这已意味深长地表明了作者的立场：作者对“极端人格”状态概持怀疑态度。第一一二回交代了妙玉终遭盗贼劫持，而此结局在第八十七回中已有伏笔，用的标题是“坐禅寂走火入邪魔”。这里写到，宝玉某日信步走到惜春居住的蓼风轩，在那里碰见正和惜春下棋的妙玉，宝玉与妙玉施礼道："妙公轻易不出禅关，今日何缘下凡一走？"这本是平常的寒暄，却似乎触动了妙玉的心事，令她闻之红了脸。稍后妙玉起身说要回庵里去，却又反常地表示："久已不来这儿，弯弯曲曲的，回去的路头都要迷住了。"宝玉即道："这倒要我来指引指引如何？"妙玉回道："不敢，二爷前请。"当晚妙玉回庵坐禅时身心即出现了异常，神不守舍，走火入魔，一忽儿见有王孙公子要娶她，媒婆拉扯她，自己不肯去，一忽儿又见有盗贼劫她。妙玉后来果被盗贼所劫的事实，岂不又像是一场"白日梦"。妙玉的悲剧发生后，人们竟也倾向于无视其半生清高和清白，罔顾事实，说她是"跟人走了"。书中对妙玉的最终交代也似话里有话："不知妙玉被劫或是甘受污辱，还是不屈而死，不知下落，也难妄拟。"妙玉的故事里明显透着今天所谓的反讽意味和"黑色幽默"。

在清浊观上态度决绝的更有宝玉的知交柳湘莲。书里说他："原系世家子弟，读书不成，父母早丧，素性爽侠，不拘细事，酷好耍枪舞剑，赌博吃酒，以至眠花卧柳，吹笛弹筝，无所不为。"他曾因薛蟠误认他作"风月子弟"，将薛蟠打了个半死，后来却又成为薛蟠的救命恩人。柳湘莲故事的高潮出现在第六十六回，当时柳湘莲接受了贾琏为他说媒，女方是贾琏的小姨子尤三姐。柳湘莲当场还取出随身收藏的传家宝鸳鸯剑作为定礼交给贾琏，并表示"大丈夫岂有失信之理"。可是事到临头柳湘莲反悔了，在宝玉向他道喜并热心地告诉他尤三姐"果然是个古今绝色，堪配你之为人"后，柳湘莲反问："既是这样，她哪里少了人物，如何只想到我？"在随后柳湘莲去找贾琏索回定礼时，尤三姐在自己房间里听见动静，即从床头取下鸳鸯剑过来，一面对柳湘莲说，"还你的定礼"，一面泪如雨下，自刎而死。柳湘莲因此自悔莫及，看破红尘，挥剑斩断万根烦恼丝，随道士出家去了。

类似情节在旧小说中不少见，且多作正面描述，见情见义。但《红楼梦》中对此类离奇事总有自己不俗的见解和表达方式。正如柳湘莲在自己婚姻大事上的出尔反尔有违其平常表现的为人处世原则，令他的知交宝玉大跌眼镜，他的削发出家也并不容易被认可。早在曹雪芹时代，针对《红楼梦》第一回里甄士隐解注《好了歌》的那句“训有方，保不定日后作强梁”，就有“脂评”认为此处指“柳湘莲一干人”。今天更有学者据此立论，柳湘莲后来又由空返俗，当了强盗。不论此说依据可靠与否，作者落在柳湘莲身上的笔墨实不寻常。

同样，在尤三姐自刎殉情的背后也另有文章。尤三姐本不认识柳湘莲，只是曾在老家一个社戏舞台上见过一眼作为票友客串献艺的柳湘莲。用今天的话说，尤三姐充其量是柳湘莲的“粉丝”。事隔多年，尤三姐却在对方毫不知情的情况下，为自己的人生赌咒发誓：只等此人，“若这人死了再不来了，情愿剃了头当姑子去”。这样的表白背后透出的其实是日积月累的厌世情绪。偏偏柳湘莲留给她的定礼是一把“冷飕飕、明亮亮、如两痕秋水”的鸳鸯剑。此回标题上句为：“情小妹耻情归地府”，何谓耻情，而非殉情？在尤三姐死后，她托梦给柳湘莲，称自己“前生误被情惑，今既耻情而觉，与君两无干涉”。这已道出了今日之男女的某种“爱恨观”：我对你怎样，却与你无关。回味薛宝钗听闻此事时“并不在意”的反应，可叹《红楼梦》之奇竟如是也。

宝玉的故事则不同。宝玉一向十分在意自己的喜好和感受，却并不因此会自觉有多清雅，反而在他看重的人物面前，尤其在那些“姐姐妹妹”面前，每每会有自形秽浊之感。他娇生惯养，却并未因生来如此而养成坏脾气，高高在上，颐指气使，反倒是常常反主为仆，关心身边丫鬟们的冷暖温饱。小说中一些峨冠博带、满口冠冕堂皇话的人，背地里男盗女娼，而说话“不正经”的宝玉，这个王夫人嘴里的“混世魔王”，心地却最为纯净。宝玉不爱读书，讨厌经济学问，最听不得别人对他说些读书上进之类的“混帐话”，却又极少会为此怒怼他人，把鄙夷和反感表露在脸上。宝玉身上似乎总有一份与他的顽性并行不悖的蕴涵和分寸。甚至在自己要的新娘被宝钗掉包、黛玉“魂归离恨天”后，他在更容易削发明志的这一刻，反倒是依然有心顾及宝钗的感受。在大比之年，宝玉亦遵从父命上了考场。其实那又怎样。早在故事开篇第一回，大荒山无稽崖青埂峰下那块“无材补天”却动了凡心的顽石，已接受了仙人警告：红尘中那些乐事，不仅不能永远依恃，且又有“美中不足、好事多魔”，瞬息间则又有“乐极悲生、人非物换”。

和妙玉的清雅不同，宝玉平常遭人诟病的是他的种种“不正经”；和柳湘莲表现的为人不同，宝玉身上更无所谓“侠士风”。他的不辞而别起初被误以为是走失。也没人以他的顽性和癫狂去作揣测。当人们最终明白发生什么后，思前想后，普遍反应是恍然大悟，而对宝玉终以这样的方式“了却尘缘”由俗入空，人们竟显得比对其走失或恶作剧更容易理解和接受。

我读《红楼梦》，曾困惑于后四十回较之前八十回的差距所在，如今我则可以明确地说，我个人并不觉得续作存在“悬殊的差距”。续作在立意上饱受诟病的是所谓“兰桂齐芳”。且不说“金陵十二钗正册”判词中就有“桃李春风结子完，到头谁似一盆兰”，只说宝玉宝钗完婚后生子本合天理人伦，对宝钗的未来更是一份安慰，望子成龙也是题中应有之义。何况后四十回的描述极有分寸，远非旧小说中对故事结尾常作放任庸俗的描写可比。“兰桂齐芳”只是一个海市蜃楼般的幻影，宝玉也仅中了一个第七名举人，这些情节改变不了宝玉身后留下的“白茫茫一片旷野”，反而衬托、渲染了悲肃的主题气氛。一个高明的小说家不会对笔下人物作简单化处理，让宝玉面对黛玉之死、新娘掉包、受命赴考等情节是极具价值的冒险之举。宝玉留给红尘浊世的最后一幕其实也还有些不雅：被形体奇特、蓬头垢面的一僧一道“夹住”而去，然而还有什么比这更恰当的描写，令人泪中含笑。

在写法上，后四十回的确基本延续了前八十回的笔法，遵循了第一回里定下的调子，即记述历来风月故事里忽略的“家庭闺阁中一饮一食”，更有别于“大半风月故事，不过偷香窃玉、暗约私奔而已，并不曾将儿女之真情发泄一二”。在后一点上，《红楼梦》对传统小说的颠覆的价值表现在，它在那个没有自由恋爱土壤的年代，独创了一种两性之间的恋爱话语。在第二十九回里，作者对宝玉和黛玉之间“每用假情试探”“两假相逢终有一真”的关系状态进行了颇具现代心理分析视角和方法的阐述，给人印象深刻。由此不难理解宝玉每在黛玉面前说不出话时就“恨不能将心掏出来”，以致黛玉也曾梦见宝玉对她“掏心掏肺”，而黛玉自己也是心里越急越没话，只恨得背身而泣，并伴有破坏性行为。在后四十回，黛玉临终前隔空向宝玉说的那句“宝玉，你好……”已被奉为教科书式的经典。

续作中也有个别改变的情节，如丫鬟五儿“复活”。在第一〇九回里，有宝玉和五儿之间的一场戏，却是用了“搭桥过河”法，笔墨最终落在不期而至的“金玉之合”。高超的叙述艺术不一而足。

2023 年 7 月 28 日写于丰德园

# 拨云透雾话“秋霞”

四十二年前，即 1981 年暑假，在中学毕业五年后，我们班搞了一次返校同学会。那时秋霞圃的重修、重建工程正在进行中，在原音乐教室门前的工地上，同学们兴味盎然地留了影。后来才听闻这所留下我们许多记忆的老房子原名叫碧梧轩，门前废池则称桃花潭，潭边沿南北假山有过更多佳构，各具美名。我们当年那几帧留影“不可多得”见证了这所园子的此番变迁，然而在我心里，我还一直将早已恢复古典名园身份和面貌的秋霞圃看作是我的中学校园。前几年，当我起念要再写一写曾经的中学校园时，事与愿违，我写出了秋霞圃。

之后我就注意到，秋霞圃的故事中最不寻常的，是在它作为私家园林的两百多年间（1502-1726），其园主居然在龚氏和汪氏两家之间两度变换。据 2008 年版《秋霞圃志（重修本）》（下同）记载：

【龚氏园】系明代工部尚书龚弘第宅之后园，即秋霞圃前身，始建于明正德嘉靖年间(作者按:一说始建于 1502 年,明弘治十五年,龚弘辞官返乡之时)，时园内景物不见著录。嘉靖三十四年（1555），龚弘曾孙龚敏卿（又名敏行）为家奴所害（一说死于盗事），家道中落，遂售宅园于徽商汪姓。万历元年（1573），敏卿子锡爵赴乡试乏资，向汪添价，汪答，价不可添，秀才若中举，宅园可无偿退还。是年锡爵中举，汪果然践诺。万历崇祯年间，锡爵子方中常邀“嘉定四先生”唐时升、娄坚、李流芳、程嘉燧和客居嘉定的名士宋珏、马元调在龚氏园会文唱和。时园内有丛桂轩、浴德堂诸胜。清初，清兵三屠嘉定，龚氏后裔龚用圆、龚用广等10余人与侯峒曾、黄淳耀一起守城，英勇殉节。龚氏因此再次衰败，其残存的宅园复归汪姓。

短短一节文字，概述了龚氏宅园先后两次易主汪姓徽商的故事。在后一个可歌可泣的故事背后，实际有多达12名龚氏家人殉节，龚用广的儿子龚元昉在殉难前还留下一首《石冈别》，文中有“双眼泪尽继以血，垂向江边哭父烈”。下自注:“母与弟妹避地石冈，七月二十七日兵猝至，同殉于此。”

我最初读《秋霞圃志》中这段文字，在感佩嘉定龚氏“再次衰败”的原因时，却也特别觉得前一个故事过于离奇，内容显见有穿凿附会之嫌。后经考据研究，我最终对这一故事列出如下几处质疑：其一，关于龚氏宅园何时售于汪姓徽商，据查最早记载此事的嘉庆《嘉定县志》卷八“第宅园亭”里，只说龚锡爵成年后，从收养他的舅舅沈兆家返乡时，“其城隍庙西故宅已售一徽商”，并未说明售出时间和经手人。此后史志传记中的相关说法，则是时隔越久情节越丰，益显“演绎”特征。据此可知，所谓汪姓徽商在龚家遭难时“趁火打劫”压价购入龚氏宅园的推测未经实锤。其二，龚锡爵之父龚敏卿的死因，我查到最早的记载出现于明万历《嘉定县志》卷十二“隐德”中，是“死于盗”，后来演变为死于“奴变”，然后顺理成章有家仆李崧于月黑风高夜背负幼主龚锡爵逃离“奴变”现场的情节。即使是这样，那时龚家已失户主，是谁能出售龚氏尚书园于汪姓？其三，从康熙《嘉定县志》、光绪《嘉定县志》等史志所记龚锡爵做人为官的事迹看，他是一个正直、刚正、品位很高的人，无论在何种情况下，都很难想象他会去向多年前已由自家长辈售出之宅园的买主要求“添价”。何况龚锡爵那次是“赴乡试”，明朝乡试试场通常安排在地方上，所费不多，即使“乏资”，名门后代也不至于去动那种歪脑筋。其四，康熙《嘉定县续志》、光绪《嘉定县志》中，均有关于在清初第二次接手龚氏宅园的汪氏后裔汪凤来（字于梧）的小传，赞誉他乐善好施，这一描述的确也符合当年一般成功徽商的品行。从汪凤来的祖辈在龚锡爵中举后送还宅园的义举看，他也不是等闲之辈，对龚锡爵所求之事，资助在先应更合情理。

综上所述，并以与故事人物同时代的明万历《嘉定县志》卷十二“隐德”等为主要依据，分析当年情况，我推断事情真相应该是这样：1555年某月某日，已故工部尚书龚弘曾孙龚敏卿意外死于盗事，遗子锡爵，时年五岁，成了孤儿，人身安全堪虞。其舅沈兆时客居常州金坛，得到噩耗后即派人联系到龚家仆人李崧，由李崧悄悄带着锡爵投奔沈兆处。沈兆对锡爵视如己出，“抚而教之，凡十五年”。龚锡爵成年后，沈兆将他送回嘉定老家，并资助他自立门户。三年后，即1573年，龚锡爵中举，次年又中进士。在此背景下，先已购得龚氏园的汪姓徽商，主动提出将宅园物归原主奉还龚锡爵。其实当时的龚氏园并非豪宅，建筑简陋，“白门土垣而已”，只是它对龚家有特殊的意义。另一方面，在龚锡爵连中举人、进士后，这座原尚书宅第更添分量，汪姓徽商此时将它“物归原主”，正合题中应有之义。

为什么后来会出现言之凿凿、离奇却为人乐道的“添价”之说？这应该是和市井中对商人的成见有关，而史志编纂者亦未能免俗。在“添价”之说的背后，是对汪姓徽商“趁火打劫”的暗示。无怪乎虽然汪氏经营秋霞圃近百年，然而在史志中提到秋霞圃的这段历史时，它的园主始终有姓无名。据嘉定地方文史研究者朱怀兴考证，嘉定历史上私家园林不下百所，像这种园主有姓无名的情况堪称绝无仅有。上文提到清代两部《嘉定县志》中皆有汪凤来（字于梧）小传，但文中看不出他和秋霞圃的关系，而能为他列传，赞誉他乐善好施，原因恐怕还是在于：“子熹，丙辰武进士。”他的儿子熹中了武进士。

朱怀兴是在清诗中发现这个汪于梧就是清初秋霞圃的园主，他也是龚氏园正式有园名秋霞圃后的第一代园主。并非偶然，当年那些关于秋霞圃的诗词的主要作者：山东莱阳宋琬、苏南江阴邓仲麟、浙江余杭严沆、苏州吴江赵沄等，都不是嘉定人，这明显不同于前朝龚锡爵的儿子龚方中经营园子那会儿，常来园中雅集、会文唱和的多为本地名士，如“嘉定四先生”唐时升、娄坚、李流芳、程嘉燧等，可见园子在清初再度易主汪姓徽商，此事并不待见于本地“大方之家”。这事给汪于梧的影响，是他从各地请来的宾客中，竟有多人贵为进士，如宋琬、邓仲麟、严沆，而他们也都没有辜负园主的盛情。据《秋霞圃志》记载，龚氏宅园正是在这个时期被扩建为园林，不仅有了正式园名，也逐渐有了桃花潭、结庐人境、莺语堤、寒香室、岁寒径、数雨斋、题青渡、池上草堂、延绿轩等20余景，“极一时之盛”。而上述三位进士留下的诗词，有邓仲麟的《秋霞圃诗》、严沆的《赋秋霞圃》、宋琬的《集汪于梧秋霞圃分韵二首》《秋霞圃杂咏十五首》等。

今天的秋霞圃分为四个景区：桃花潭景区、凝霞阁景区、清镜塘景区和城隍庙景区，其中桃花潭景区所在位置就是过去的龚氏园，也即汪氏园。地方文史研究者朱怀兴曾在他的《秋霞圃有密码，藏在清诗中》一文里提出一个疑问：桃花潭命名的依据是什么？不仅今天的桃花潭畔并无“桃红柳绿”，而且据朱怀兴考证，清诗中虽多有描写秋霞圃桃花潭的，但也都没有写到桃树。如清宋琬的《秋霞圃杂咏•桃花潭》：“碧水映朱鳞，荇藻清如鉴。渔夫扣舷时，犹疑落花片。”在此诗的描述中，“朱鳞”“荇藻”是实景，“花片”是虚景，只因划船在桃花潭中，便有“犹疑落花片”的幻觉。

倒是在清严沆诗句“桃花潭水鹤江湄，秋圃汪伦寄宅时”中，透露了桃花潭命名的“密码”：这一有名无实的命名，却是为引导后人联想到李白《赠汪伦》诗：“李白乘舟将欲行，忽闻岸上踏歌声。桃花潭水深千尺，不及汪伦送我情。”汪于梧和汪伦，一样姓汪，同是安徽人。已预知将来的史志也不会待见汪氏园的汪于梧，当时采用的表达方式，独特、含蓄，合乎文学和园林的语言，为后世留下一段佳话，也说明了他的为人。上文也说了，后世的几部《嘉定县志》中，有汪于梧传，果然没有提及他和秋霞圃的关系，不过倒是也盛赞他的为人。

1726 年后，汪氏秋霞圃和毗邻的沈氏园、金氏园一起归属城隍庙，作为城隍庙的后园。其间细节状况，今已无考。今天的秋霞圃，则已包含上述四园，更被誉为“上海五大古典园林之一”，重焕青春，闻名遐迩。

2023 年 8 月 27 日写于丰德园

□ 图 5-1 秋霞圃桃花潭，右侧碧梧轩曾为城一中音乐教室（摄于 2021 年）

图 5-4　流淌在州桥下的练祁河（油画，钱欣明作于 1983 年）

图 5-7 安师外的“弗拉基米尔之路”（油画，李亮之作于 1982 年 11 月 16 日）

图 5-8　安师通往外青松公路的石板桥

（水彩画，李亮之作于 1982 年 10 月，已捐赠嘉定区档案馆）

图 5-9　安师通往安亭兰塘村的石板桥

（水彩画，李亮之作于 1982 年 10 月，已捐赠嘉定区档案馆）

图 5-10　钱欣明画于 1984 年的作者肖像，现仅存照片

图 5-11　李亮之画于 1984 年的作者肖像

图 5-2　嘉定孔庙棂星门前 72 座石狮子（摄于 2021 年）

图 5-3　古猗园不系舟（摄于 2021 年）

图 5-5　老城州桥头，横沥河与练祁河在此交汇，形成十字河（摄于 2022 年）

图 5-6　1960 年代初作者一家住过的州桥头墙院式房子（摄于 2022 年 2 月）

图 5-13　作者和李亮之（中）钱欣明（左）在新落成的丰德园砖雕影壁前

图 5-14　留有当代书法名家费新我题写的“上海市安亭师范学校”字迹的校门矮墙

图 5-15　原安师教师宿舍楼（摄于 2021 年 9 月）

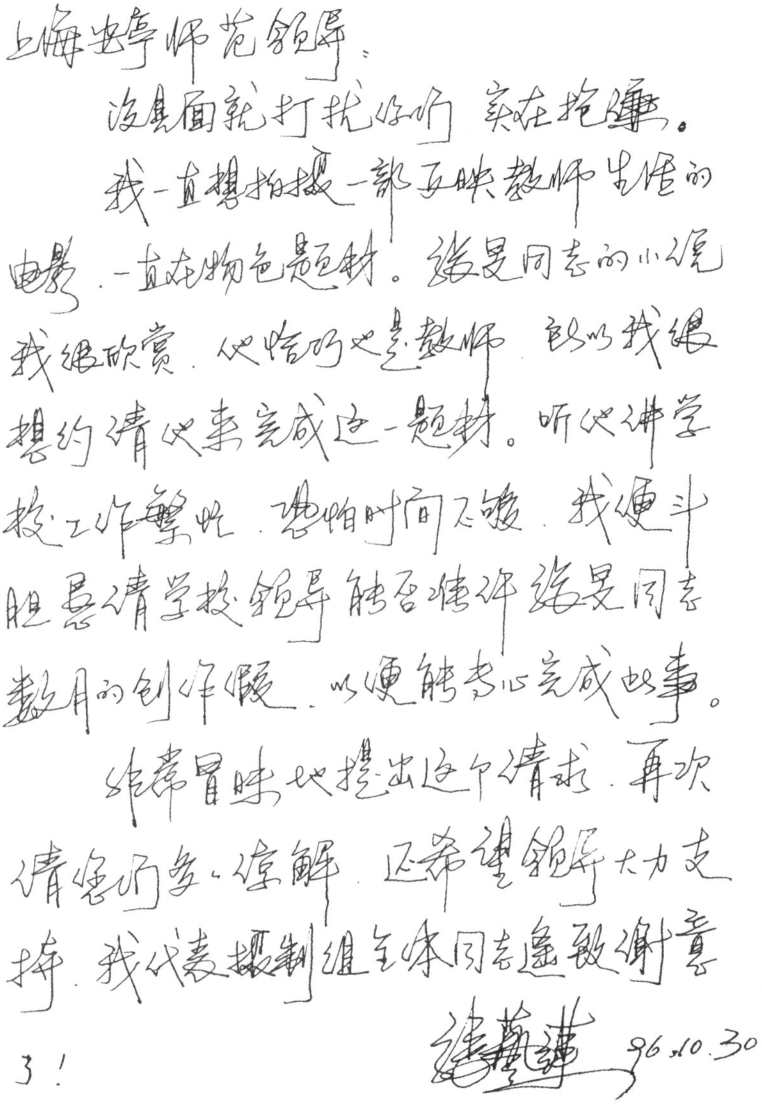

上海安亭师范领导：

没见面就打扰你们，实在抱歉。

我一直想拍摄一部反映教师生涯的电影，一直在物色题材。张旻同志的小说我很欣赏，他恰巧也是教师，所以我很想约请他来完成这一题材。听他讲学校工作繁忙，恐怕时间不够，我便斗胆恳请学校领导能否准许张旻同志数月的创作假，以便能专心完成此事。

很唐突冒昧地提出这个请求，再次请您们多多谅解，还希望领导大力支持，我代表摄制组全体同志each致谢意了！

张艺谋 96.10.30

图 5-12　张艺谋写给安师领导的亲笔信

后记

# 呈现艺术，退隐艺术家

前些年，在我计划要撰写《丰德园》后，我开始注意到自己对某些熟悉的事物的关注点起了变化，由此也觉悟到个人记忆的误差和空白。一天，我起兴要去久违的汇龙潭公园走走，结果却被园内一座并不陌生的花岗石井亭滞留半日。井亭已有近五百年历史，1977 年从城外横沥河西岸古道旁迁建于此。它当初的作用是供往来路人饮水解渴，然而其制作却极为讲究，全石建筑，仿木作榫卯结构，高规格歇山式屋顶，正脊上蹲踞石雕三座。我在井亭处流连忘返，感觉就像是第一次看到它。我也注意到井栏和梁柱上留有一些不同时代的刻字，查百度其中隶书“井亭”及其题记的作者是当代教育家、艺术家、嘉定人浦泳，刻于 1948 年。我不由得想，这座建筑当年的建造者是谁呢？为什么古代留下这些珍贵的建筑遗产，它们的建造者却似乎不值一提？那一刻我就想到自己计划中要写的书，产生一个想法，自己应该在这本关于今人造园的书中专设“匠人名录”一章。

我找到了当时的造园工程队领班、泥瓦工出身的马方胜，通过他见到了数位参与造园的师傅，有木匠、泥瓦匠、石匠等。我也见到了曾被园主聘为造园工程项目总监、在工地待了四年半的苏州香山帮名匠过汉泉，后者因我恳请还写了《丰德园建筑说明》一文。我也见到了丰德园最初的“蓝图”的手绘作者、嘉定籍苏州园林设计师钱骏。终于，我整理出了一份虽不完整但已有三十多人的“匠人名录”。

地方文史专家陶继明在为《丰德园》所作的序里讲到嘉定明清时园林众多，但园林专著历来稀少，仅有民国时期的《秋霞小志》和1980年代后出版的《秋霞圃志》《古猗园志》等。当他注意到我书中的“匠人名录”和附录的过汉泉的文章时，在序中对此作了“与时俱进”“弥补缺憾”的评价。同时他转给我一篇上海社科院研究员夏咸淳十多年前写的关于嘉定园林的考据文章，在那篇文章里，夏先生根据嘉定曾经私家园林蔚兴的盛况，判断在嘉定除了园主名士等或谙造园之道，当别有艺匠妙手。然这些手艺人并不见诸史册方志、碑传记序之类，夏先生仅从明代诗词中考得一人，叫夏华甫。对这种情况，夏先生在文中发出“殊可怪也”的叹息。

不过换一个角度观之，夏咸淳先生似乎也注意到，这种情况或也反映了过去手艺人的某种传统美德。他在文中赞誉夏华甫“为人谦退”，在为拂水山庄补筑高台后，“不欲贪天之功，而归美于松圆老人”（明末“嘉定四先生”之一程嘉燧）。

这也令我想到一件事。丰德园门前的砖雕影壁依据的画稿是画家李亮之的三幅钢笔线描图，因为之前和李亮之讨论过砖雕艺术的二次创作问题，他在完成画稿后问我，画稿要不要落款？我回答他，在你自己的画稿上要落款。后来出现在我们眼前的三面墙巨幅砖雕，是不同于李亮之钢笔线描图稿的深浮雕，其创作尺度之大，完美体现出砖雕艺术的独特风格，令人感佩。而以苏州香山帮雕刻手艺人蔡荣福领衔的雕刻班子在创作这件作品时，却从未想过自己的具名权，他们倒是一丝不苟、理所当然地将原画作者李亮之的名款包括印章刻在了砖上。后来我为编撰“匠人名录”，多次联系蔡荣福，问他要一张工作照，他也没当回事，末了只是为配合我的工作发给我一张在颠簸的驾车途中的自拍照，令人哭笑不得。

作家木心曾感叹：在远远的前代，艺术家在艺术品上是不具名的，艺术品一件件完成，艺术家一个个消失了。说这话的木心，自然十分赞赏法国作家福楼拜的主张：“呈现艺术，退隐艺术家。”不消说，在他们的语汇里，这是一种针对虚荣浮夸世风的复古说法。在我有限的视野里，我所看到的江南园林史似乎历来都体现着福楼拜的主张。其中既有史家们的有意忽略，也有艺匠妙手们主观上的“谦退”。细究起来，园史著述中留下这部分史实空白反映的世俗观念，今天依然。当我们在为眼前新落成的砖雕影壁呈现的宏伟气象和高超艺术由衷赞叹时，创造它的人却并未被视为“艺术家”，即使在我用心为之的“名录”里，他们的身份充其量是“手艺人”“砖雕安装”等。

丰德园里有座梅花亭，被誉为国内罕见，不消说，在它身上也体现出了另一种“完美”：它在世人面前的“呈现”日，即是匠人们的“退隐”时。创造这一奇观佳构的，除了核心人物过汉泉，值得一提的还有一位江月新师傅，在我的“名录”中的身份是木工、班组长。身为美术学教授、有丰富艺术创作实践的李亮之深谙个中三昧，他在将要用于二次创作的画稿上具名那一刻产生的踌躇心理，是符合其学养见识的一种态度反映。设若“谦退”不只是匠人们的下意识行为，也能成为更多有名头的“某某家”的自觉意识，这才是艺术作为一种有意味的形式、有灵魂的存在的题中应有之义。

《丰德园》中的专章“匠人名录”，不妨被看作是有意突破某种习俗和偏见的尝试，但我并无意改变园林艺术的传统表现形式，即所谓“虽由人作，宛自天开”。同样，园内一些未具原创作者名款的匾额楹联等，也可被看作是在同一价值坐标上对某些陋习的改变，而这其实是合乎传统的返璞归真，是更合园林语言的情景诗意的表达。好比山阴池畔幽篁里的草亭，“悠然”天成，无可“名”状。

2023 年 4 月 21 日

# 还有几句话

关于本书还有几句话，感谢的话。

感谢顾建清、汪乐天。他俩和我、张肖阳等自然形成了一个创作班子。

建清、乐天的长处在格律诗。说这是他俩的长处，不光是指他们能讲格律，难得的是他们还颇能运用古人的文学思维和语言，以丰富的修辞手法，自然浑成的用典，写出古色古香、透着古典文学“地气”的格律诗，却又能托古述今，有今人的立意。丰德园对他们来讲是一个适合不过的创作题材。

目前园中的匾额对联诗文等，大都出自我们几人之手，采用这一模式，毋庸讳言与从《红楼梦》中受到的启示有关，而在我们几人身上此举则更具有“补白”的临时性。

在《红楼梦》里，大观园落成后，匾额对联等，贾政原是想等贵妃元春省亲时请贵妃赐题，但又觉得偌大景致，若干亭榭，无一字标题，寥落无趣，便采用身边清客建议，先自己这几个人去园子里逛逛，边逛边拟一些字句，凑个趣（虚合其意），待元妃省亲时，或留或换，任由其意。

今天我们几人所做的，其实也是“凑个趣”的工作。我们心里也有期待中的“元妃”，她当然不是某一个人，也不是非大人物不可，但她或他们之于丰德园，和元妃之于大观园一样，是有故事的人。元妃省亲，《红楼梦》的重头戏，大观园口口相传的故事。即使在普通人家，出嫁的女儿回娘家也是家庭要事，值得一记。丰德园也会有自家普通而值得一记的故事。好故事不是新闻事件，不具有迅速广泛的传播力，但它会像家人那样留下来。好故事也总是无关乎个人的意志和愿望，超乎想象，不易虚构，可能不期而至，可能如约而到，可能“与生俱来”。丰德园正在成长中，它的未来值得期许。正如我们今天可以看到的身边的古典名园秋霞圃、汇龙潭、古猗园等，数百年来它们已然成就自己的故事，而在这样的故事里，有时连它们的创建者都可能是匆匆过客，这却又正可以解读为这类建筑独具的价值和生命力之所在。当我此刻以“等待元妃”来打比方时，并非妄自菲薄，想表达的即是对这一特殊文化生命及其内在规律的敬畏和敬意。

也再次感谢孙敏、张波、张大昕、杨祖柏、杨贤淼、张志岐、龚皆兵、钱月龙、陆雨葭等嘉定艺术家，平时和他们的相处交往，无论在工作上还是朋友间，都令人感觉舒服，印象深刻。最熟的是张波，和他同事近二十年，我曾在一篇文章里，描述了在近二十年的时间里“看到的张波”。和张志岐也曾同事多年，他小我十六岁，彼此却很聊得来。他是一个为人处世传统保守、艺术观念偏于激进的人。绘画之外，张志岐还长于平面设计，给到我许多帮助。我和孙敏之前来往不多，但他身上的儒雅气质、长者风范，他书法作品中的想象力和创造力，一直令我感佩在心。杨贤淼年纪尚轻，出道不晚，早在 2011 年即获得第十届全国书法篆刻作品展优秀作品奖。记得在我退休前，一次杨贤淼顺道来我工作室坐坐，临走前他对我说，等你退休后，我给你写幅字。我退休后有一段时间，他来看我，我以为他还是顺道来坐坐，他却拿出了为我写的字——他自己却还记得。杨祖柏曾是空军伞兵，上校军衔，艺术上师从韩天衡，是西泠印社社员。我和他在区文联共事多年，相处甚欢，更喜欢他将军人豪气和文人才情融于一杯酒中。张大昕是徐州人，因女儿在嘉定工作，十多年前起他也常住嘉定，也乐于被视为嘉定书法家。在和他交往中我对他感触最深的一点是，他总是在心里加倍记得别人对自己的好，因此他自己待人也总是表现出十分的热忱。

感谢李亮之、钱欣明，我安师时的同事，感谢他们为丰德园砖雕影壁的落成作出的贡献。李亮之为此创作的线描图稿，后又以《丰德园览胜》为题入选第十一届上海美术大展，留下一段佳话。值得一提的是，当我为原安师同事与丰德园的结缘而写的《画之媒》等文章发表后，还引出了另一段佳话：李亮之欣然将我拙文中的插图原作，他画于近四十年前以“安师通往外界的石板桥”为主题的两幅水彩画，捐赠给了嘉定区档案馆。

感谢陶继明、陈兆熊、陈兆勋、徐征伟等地方文史专家，他们总能在我需要时给到我专业的帮助。陶继明还于百忙中为拙著作序。

感谢醉菊博物馆馆长鞠鸽腾、翥云博物馆馆长周嘉、作家魏滨海等各界朋友，他们每次来访总能留下一些有趣、有益的话题。

丰德园雅积阁目前已陈列着数十种嘉定地方文史资料图书，感谢这些别具价值的图书的编撰出版单位：区政协、区文旅局、区教育局、区档案馆、区博物馆、区文化馆、区图书馆、陆俨少艺术院、上海翥云艺术博物馆等。感谢在这件益事上给到我们帮助的各方朋友。

感谢嘉弘公司的沈彪、万泉华、范高峰等，他们不厌其烦，提供给我写作此书需要的资料。

感谢丰德园创建者封德华。在我有限的视野里，封德华的人生迄今呈现的状态，已然成就一段不寻常的“传奇”。人生经历中的传奇性，在我的理解中，首先应具有“意料之外情理之中”的逻辑力量，其次是内容与形式的高度、完美结合。传奇总是富含某种超常性、极致性。封德华人生经历中常被提到的一件事是 1997 年底辞去公职，创办嘉弘公司。在当时的嘉定，他是第一个辞去公职的处级干部，他的决定令身边许多人感到不解，或不以为然。若干年后，人们在他创业的成绩中读懂了不同的人生选择。不过，对于封德华当年这一令人颇感意外的决定中的情和理，在二十年后的今天显见已另有其解。我指的是，以今天的视角，我们已可以清楚地看到在封德华身上始终有一种受童年生活和环境影响而形成的传统文化心理和情结。基于此，封德华当年的决定促成他成为一个对地方经济社会发展卓有贡献的民营企业家，不过在未来，他的名字或更可能会主要和丰德园、和作为国家级非遗项目南翔小笼制作技艺传承人的父亲等联系在一起，他或更可能会主要以丰德园创建者、南翔小笼品牌重要经营者等身份被记住。举个不恰当的例子，如我在拙文《丰德园营造面面观》中提到的袁枚，他一生做过许多事，取得不小功名，拥有多重身份，但世称“随园先生”。

从今天看，如果没有当年那个决定，封德华的人生照样会有值得一记的故事。当年那个不寻常的决定，则成为成就其传奇人生的拐点。

丰德园竣工于2018年，次年封德华邀我入园。这一热忱邀约蓦然勾起了我对于嘉定城中一座古典名园秋霞圃的回眸——她曾被用作我度过四年中学生涯的母校、嘉定城区一中的校园。在我的记忆里她一直只是一座校园，虽然有点奇幻，然而在四十多年后的今天，我恍若在她身上看到了更多奇景幻影。不只是她，昔日的老街城池，哪儿也都显得不再那么熟悉。州桥、一条街、六一新村、汇龙潭、古猗园，以至于常在阅读中的“大观园”，我回望的目光越拉越长。这也就是此书下篇“丰德园视点”标题的由来。而这一视点，我感觉也令我的人生沾上了一些“传奇”色彩。

近年来我研读过的古典园林和古建筑著述，主要有楼庆西著“中国古代建筑装饰五书”：《雕梁画栋》《砖雕石刻》《户牖之艺》《千门之美》《装饰之道》，有李乾朗著《穿墙透壁》，童寯著《东南园墅》，刘敦桢著《苏州古典园林》，陈从周著《梓翁说园》，王毅著《翳然林水》等等。这些著作满足了我对于古代建筑和古典园林的好奇心，给了我难忘的阅读享受，对我写作此书的启发和帮助是多方面的。值此拙著付梓之际，谨向上述大著的作者老师们致敬、致谢！

同时特别感谢夏咸淳先生，在《丰德园》书稿初成后，我偶然读到他写于十多年前的一篇关于嘉定园林史的考据文章，它佐证了我在写作此书过程中耗时费神整理“匠人名录”的特殊价值。

2022年10月5日

图书在版编目（CIP）数据

丰德园 / 张旻著. -- 上海 : 文汇出版社, 2023.10
ISBN 978-7-5496-4035-5

Ⅰ. ①丰… Ⅱ. ①张… Ⅲ. ①古典园林－文化研究－嘉定区 Ⅳ. ①K928.73

中国国家版本馆CIP数据核字（2023）第149215号

丰德园

著　　者　张　旻
封面题字　张　波
封面绘画　李亮之
策　　划　朱耀华
责任编辑　徐曙蕾
装帧设计　一亩幻想

出版发行　文匯出版社
上海市威海路755号
（邮政编码200041）

经　　销　全国新华书店
印刷装订　启东市人民印刷有限公司
版　　次　2023年10月第1版
印　　次　2023年10月第1次印刷
开　　本　640×960　1/16
字　　数　200千
印　　张　17　（插页8）

ISBN 978-7-5496-4035-5
定 价 / 58.00元